外国語を届ける書店

白水社編集部［編］

白水社

外国語を届ける書店

装丁・本文デザイン　古屋真樹（志岐デザイン事務所）

はじめに

外国語を学ぶ人なら誰しも、その言語で書かれた本を読んでみたい、と思った経験があるのではないでしょうか。

原書を読みたい、買いたい。どんな本が面白いか、自分でも読める本はどれか。それを自分で選ぶのは難しい。そうした読者の気持ちに寄り添ってくれる専門書店があります。

本書は、そうした外国語専門書店を取材して一冊にまとめました。なぜその外国語の本屋になったのか、どのように店を続けてきたのか、どんな思いでこれから本を届けようとしているのか。外国語を読者とつなぐ書店員の声を記録しました。

取り上げるのはフランス語、スペイン語、イタリア語、ロシア語、中国語、韓国語、トルコ語・アラビア語の書店です。わたしたち白水社が主に英語以外の語学書を中心に出版してきたこと、また、いずれのお店もそれぞれの言語の数少ない専門書店として、学習者が頼れる貴重な存在になっていることから、あえて英語以外の九つの専門書店を取り上げています。

本書が外国語と書店を愛するみなさんにとって新たな本に出会うきっかけになればうれしいです。

白水社編集部

目次

本書は、白水社ｗｅｂマガジン「ｗｅｂふらんす」での連載「外国語をめぐる書店」を加筆修正のうえ、新たな原稿を加え、単行本としたものです。

掲載の内容は、取材時の情報を元にしています。

榎本 恵美（えのもと・えみ）
フランス語専門オンライン書店「レシャピートル」書店主。店名は「おどけたネコたち」とChapitre「（本の）章」の言葉遊びから。モットーは「わくわくするような遊び心のある書店」。

二〇二二年二月、創業七十五年の歴史を誇る書店が閉店した。フランス語書籍専門書店「欧明社」だ。戦後すぐ、東京大学仏文科の教授らの勧めで創業された欧明社は、飯田橋に本店を置き、フランス語学習の東京でのメッカともいえる東京日仏学院（アンスティチュ・フランセ）やアテネ・フランセにも店舗を構えた。

日本のフランス語、フランス文化にとって重要な拠点であったことは、フランス政府から三つの勲章を授けられ、フランス出版協会からも日本で唯一の認定証を授与されたことからもわかる。

日本のフランコフォンにとって重要な拠点が失われたことは確かだが、そのエッセンスを知る新しい場所が生まれたのは、よいニュースだ。二十年にわたり欧明社に勤め、選書を筆頭にした役割を担ってきた榎本恵美さんが、自身でフランス語書籍専門店をオンラインで開業したのだ。屋号は「レシャピートル」。フランス語で「シャ」はネコ、「ピートル」はおどけたという意味だ。フランス語がわかる人なら、本の章を表す「シャピートル」との掛け言葉になっていることに気づくだろう。

フランス語専門書店を立ち上げた榎本さんだが、「はじめはサルトルの *Huis clos*（『出口なし』）のお問い合わせに、「ユニクロですか?」と珍回答をしていました」というように、はじめから本のスペシャリストというわけではなかった。

お客さんに鍛えられて

いまでこそ毎日の仕事でフランス語漬けの日々を送る榎本さんだが、実は語学面でははじめはまったくの劣等生だった。フランスの本や映画が好き、という程度の動機で、大学の第二外国語でフランス語を履修したのが学び始めだった。ただしやる気はほとんどなかった。「成績順に前から席が決まるクラスだったのですが、わたしは一番後ろ。本当にだめだめな学生でした」と振り返る。それでも、フランスの映画や本への憧れは強く、いつか留学したいという気持ちを徐々に募らせた。

大学卒業後は、好きな本にかかわる仕事をしたいと出版社で働いた。五年ほどでお金が貯まると、夢だったフランス留学を叶えた。留学前に語学学校の夜のクラスに通ってはいたが、なかなか力はつかず、留学先でも下のレベルから始めた。

一年の留学を終えて帰国した後、やはり本にまつわる仕事をと探しているとき、偶然に欧明社のアルバイトの求人を見つけた。フランスと本、どちらも自分が好きな分野だと応募し、採用された。

働き始めた当時については「いろいろな業務がデジタル化していく変遷期で、もともといたスタッフでは対応できないところを任されまして、そのことで自分の居場所ができた感触もあって、楽しかったですね」と振り返る。

アルバイトから始まり、気づけば二十年のキャリアを積んだ。本の仕入れ、フランスの出版社とのメールでのやりとりなど、この中で先輩たちに教わりながら実践的なフランス語の力を身につけていった。

選書をするための知識はどうだろうか。榎本さんは大学でフランス文学を専攻したわけでもないので、先に書いたように働き始めはお客さんの問い合わせに答える知識もなかった。それが最後には、二万冊以上の本が並ぶ欧明社本店の棚の中で、どこになにが置いてあるか「AIレベルで把握できていた」と言えるほどに熟知していた。これは先輩社員からの教えもあるが、むしろ「お客様がわたしをここまで育ててくれた」ということである。

榎本さんの中では、本は具体的なお客さんの顔と紐づけて記憶されている。プルーストの大作『失われた時を求めて』全編の朗読を収録した圧巻の百十一枚組のCDを、昼休みの度に来店して眺めていた老紳士は、クリスマスの日に「清水の舞台から飛び降りるよ」と笑顔で購入した。このCDをなんと数セットも購入した別のお客さんもいた。

あるフランス人教授はフランスで最も権威のある文学賞「ゴンクール賞」の受賞作家は「大

成しない」と豪語し、受賞作が並ぶ秋に必ず来店してくれた。少年のように目を輝かせながら、パトリック・モディアノのノーベル文学賞が決まるよりも前に、その文体の素晴らしさを教えてくれた教授もいた。ほかにも、モーパッサンの短編を収集する方、ヴェルレーヌの詩をアート作品とコラボレートする女性もいた。

「フランス文学への多用なアプローチがあることを知り、お客様から話を聞いて知識を増やしていくことがとても楽しかった」という。これらの人々のエピソードを聞くだけでも、その楽しさが垣間見える。

自分を育ててくれた店がなくなると聞かされたのは、榎本さんにとっても青天の霹靂で、同僚と肩を抱き合って泣いたという。今後自分はどうするか、なにができるのか。閉店の作業に追われる中で自問を繰り返していた。

実は、面倒見のよい版元からは「うちに来ないか」という誘いももらった。しかし、榎本さんの頭からは「これからどこでフランス語書籍を買えばいいのか」という多くのお客さんの声が、そして顔が離れなかった。

もちろん、本自体を買うことは、ネット書店を利用すれば可能だし、洋書を取り扱う大型書店もある。だが、そういうところでは専門書や自分にあった語学教材はどのように選べばいいのか、アドバイスを得ることは難しい。フランス語書籍に精通したスタッフが選書し、それを勧めてくれる場を求める読者は必ずいるのだ。

「わたしは自分から何かを具体的に計画するような主体性はないタイプです。お客様の声があって、それに家族の後押しがあって、その流れに乗って財布と相談して、自分で店をやってみようかと」

閉店のことを聞かされたのが六月。夏から開店のために必要なことを調べ始めた。口座の開設や税関の申告など、これまでの経験があるのでスムーズにできるかと思っていたが、やはり会社組織と個人事業主とでは勝手がちがう。お金のやりくりと合わせて、かなりの準備が必要になった。

二〇二二年四月一日。いよいよ店を始めようと、フランスへの注文を出し始めた。ところがそこにロシアのウクライナ侵攻による航空便の減便、燃料費高騰に急激な円安が重なった。仕入れようと思った商品がなかなか届かない。結局、最初の四月分の注文が届いたのは七月七日の七夕だった。

「この時期は本当に生きた心地がしなかったですね。このままお店をやっていけるのかと気持ちが落ち込みました。でも、自分にできることをやろう、自分で自分を励まして、コツコツとやろうと決めました」。いまは注文から納品までの流れが確立でき、スムーズに仕入れがで

自宅の一室で在庫を管理する

きるようになった。

日本の読者にあわせた選書を

「レシャピートル」はオンラインショップで営業を開始した。選書から本の紹介、受注、発送まで榎本さん一人で行っている。取り扱い商品は、少しずつ増やしていて現在七〇〇点ほど。ひとりで棚卸、在庫管理、販売、発送まで行うので仕入れたものの、まだ販売の準備ができていないものもある。

日本の一般的な書店では、「出版取次」という卸売りの会社があり、自動的に新刊が書店に納品されるシステムがあるが、レシャピートルではこの方法はとっていない。取り扱う本はすべて榎本さんがセレクションしている。選書の基準はどうしているのだろうか。

「まずこれまでの経験でわかっているのが、フランスで売れたものがそのまま日本で売れることはないということです」との回答は少し意外だ。もちろんフランスのランキングなどは確認する。そのうえで榎本さんが重視するのは、本からお客様をまず思いつくかどうか。「プルーストの本であれば、あの人が興味があるかな、などと本と人との紐づけが思い浮かぶ本は売れるんですね。実際にはその人が買わなくても、SNSで紹介すると他のお客様が買ってくれることもあります」という。

では顧客リストなど作っているかというと、それはしていない。あくまでお客さんとの具体的なやりとりを通して知った、その人ごとの関心のありどころをもとにしているらしい。榎本さんの頭の中にあるいわば「顧客AI」は、データではなくエピソードで構成されているのだ。

オンライン書店なので、SNSでの発信が重要だ。榎本さんは注文して届いた本は真っ先に目を通す。そこで自分自身が面白いと感じたことを大切にして、商品紹介に反映する。「心の声をそのまま文字にしているだけ」と言うが、むしろその率直さが宣伝色を感じさせず、まっすぐに本の特徴や魅力を届けてくれるように感じる。

このプレゼンテーションはある種、悪魔的な魅力を持っている。というのは、「リピーターのお客さんからクレームがついちゃうんですよ。これ以上魅力的な本を入れないで、今月はもうお金がないんですって」と笑いながら明かしてくれた。

日本とフランスの違いへの配慮は、好まれる内容にとどまらない。榎本さんが感じてきたのは日仏での本という商品やビジネスに対する文化、価値観の違いだという。

「日本人は本に対して潔癖さ、完璧さを求める方が少なくありません。ページが折れていたりするとダメージ品と思う方がいます。それが洋書で三千円や四千円払った本だとなるとなおさらです」

これに対して、フランスでは本として読めればまったく問題ない、という意識だ。なので、クレームを入れても理解してもらえない。日本では商品としてなかなか受け入れられないという事情を細かに説明しなくてはいけない。

ビジネスの面でいえば、日本と比べるとフランスは適当なところが多いのも悩まされるところだ。ヴァカンスなどで担当者の不在が多く、エラーも多い。たとえば注文した通りの数での入荷がない。そしてそれを先方に指摘しても「あら、そうだった？　本当だ」と謝ることもなく、何事もなかったかのように振舞われる。

榎本さんは呆れつつも、これは能力や資質の問題ではなく、あくまで仕事に対する考え方、文化の違いなのだと理解しているという。つまり、そこでいちいち腹を立ててもしょうがないし、仕事は進まない。対処法として、「昨日も確認したけど、十冊注文したからね、と細かく伝えるわけです」。いまでは自分から予防線を張るように心がけている。工夫して考えた解決策だろうが、榎本さんは「処世術」だと表現する。

これは誰かが教えてくれるわけではなくて、自分で仕事をするなかでぶつかった問題で、文化の違いだからよいメソッドはもちろんない。そういう榎本さんの実感のこもった表現だろう。

学習をさまざまにバックアップするラインナップ

取り扱うジャンルにも、榎本さんならではのセンスが発揮されている。フランス語学習に欠かせない教材は、試験対策を筆頭に文法、語彙、コミュニケーションなどと細かくジャンル分けされていて、各書籍の紹介も詳しく、自分の伸ばしたい力やレベルに合うものが見つけやすい。

そしてなんといってもおすすめは辞書の充実したラインナップだ。榎本さんは「自称辞書マニア」とうそぶくほどの辞書好きなのだ。

辞書はもちろん、調べ物をするためのものだが、榎本さんにとっては「探す目的もなくパラパラ見て楽しいもの」でもある。特にお気に入りは、『プティ・ラルース・イリュストレ』。多くのイラストや図表を収録する、毎年刊行される百科事典的な辞書で、刊行のたびに追加される新語も世相を感じさせる語として話題になる辞書だ。仏仏辞書は学習が進むと有効に使えるものだが、使いこなせなかったらどうしようと躊躇もしてしまう。なので、豊富なラインナップを、特徴のちがいをわかりやすく説明してあるのは心強い。

いま充実を図っているひとつが、哲学や環境問題などのテーマを子ども向けの読み物にしたシリーズだ。難しいテーマに感じるが、子どもに語りかけるというコンセプトで対話形式で書かれているので読みやすいという。読み物に親しみたい学習者にはおすすめだ。

読み物という点では、多読向けのラインナップを増やしたいと考えている。多読には「段階別読み物（Graded Readers）」と呼ばれる、学習レベルに応じた語彙や表現で書かれたものが活用されるのだが、フランス語にもそうしたものがある。いまのラインナップではそこがまだ手薄である。

これらのジャンルは前職のときから、榎本さんが選書して仕入れていたものだ。一方で、独立したことで新たに取り扱えるようになったものもある。榎本さんが「勉強のサイドメニュー」

と呼ぶ、フランスの文具や雑貨だ。

具体的には、世界的に有名なフランスのノートメーカー「クレールフォンテーヌ」のノート、フランス文学といえばまず名前があがる出版社ガリマールが手がける文具シリーズの手帳、あるいはカレンダー、アルマナと呼ばれる歳時記といった品だ。

挑戦したら仕入れることができた商品もある。榎本さん自身が好きだからということもあるが、遊び心のあるもの、フランスを身近に感じられるものが手元にあると、学習のモチベーションもあがると見込んだわけで、狙い通り売れ行きを伸ばしている。

学習におすすめのDidier社「Mondes en VF」シリーズ

逆に、「お客さんから勉強させてもらえた」と感じる商品もある。筆記体を書く練習をするワークブックが予想以上の売れ行きだという。「いまはパソコンやスマートフォンで、文字を書く機会がないですよね。だからそんなに売れないかな」と思ったのがうれしい誤算になった。学習者はやはり文字を書くのが好きだし、「あるお客様は、展覧会で書簡が展示してあって、その筆記体の文字を見てこういう美しい文字があるんだなと興味をもったんです、と教えてくれました」。筆記体にはこんなに人を引き寄せる力があるんだなと思い知った。

「物語」の魅力を届ける定期便

もうひとつ、オンラインショップのカテゴリーのトップにあるものにも注目したい。「フランス絵本定期便」という定期購読サービスで、榎本さんが選んだフランス語の絵本を毎月一冊届けてくれる。

アイデアの源は自身の子育ての経験にある。フランスの絵本を、「渋い表紙だな」と思いつつも子どもに読み聞かせてみたところ、思いのほか夢中になってくれた。

数ある絵本のラインナップの中から何を読むのか決めるには、どうしても「バーバパパ」や「リサとガスパール」など、自分が知っているキャラクターに頼ってしまうのは誰しも同じだろう。物語から本を選ぶのは難しい。

けれど、面白いものはあるとわかった。ではそれを自分が選んで紹介してはどうだろうか。日本にも絵本の定期購読サービスは根付いているので、その仕組みを参考にしようと考えた。

前職で育休から復帰した際に提案して実現させ、レシャピートルでも同じサービスを続けている。選ぶ絵本は実際に榎本さんが子どもに読み聞かせたものが中心になっているので、読みごたえはお子さんのお墨付きだ。

「絵本は読み聞かせにももちろんですが、絵のイメージの助けがあるので、多読にもおすすめですよ」

子どもと親との会話など、短めの文がイメージと一緒に「こういう場面でこういう表現をするのか」とインプットされると、実際にそのシチュエーションになったときにぱっと頭にその表現が浮かんでくるようになるそうだ。実際、購読者には多読に活用している人もいる。

フランスの絵本には、日本でも翻訳がロングセラーとしていまも読み継がれる『すてきな三にんぐみ』（トミー・アンゲラー、今江祥智訳、一九六九年、偕成社）のような有名作もある。だが、定期便では近年に刊行された魅力的な絵本も取り上げられてきた。

内容は、子ども向けということでかわいらしいシンプルなものもあるが、深いメッセージ性をもつものもある。たとえば、森で起きた火事に、小さなハチドリが一滴ずつながらも水を運び立ち向かう絵本。みんなが「自分にできること」を集めれば大きな力になるということを教えてくれる。それ以外にも、ポジティブな気持ちを育んでくれるような作品が多く選ばれているように思える。

榎本さんが、自分自身の子育ての経験も振り返りながら、読み聞かせを通して伝えたいと思っていることが現れているのだろう。

フットワークの軽さを強みに

個人で書店を経営するということは、リスクも負わないといけないということだ。さらに「マーケットは大きくないし、フランス語の学習者が減っているのは知っている」と榎本さんも自覚している。

それでも、一人ひとりの顧客を大事にして、その人のことを考えた選書をし、時には連絡もとるようにすれば、ちゃんと買ってもらえるという手ごたえは感じている。

翻って一人だからこその利点もある。即座に判断できることからくる、フットワークの軽さだ。たとえば、フランスから来日した著者のサイン会を行った。著者は、二〇一八年に日光を旅行している最中に失踪したティフェーヌ・ヴェロンさんの兄妹。兄ダミアンさんと妹シビルさんは、懸命に証拠や写真資料などを集め、事件の詳細を追ったドキュメンタリーを刊行した。この本をレシャピートルでも扱っているが、さらに日本のフランス人コミュニティー向けにサイン会を行いたいという連絡が榎本さんのもとに届いた。

「多分、わたしのところへ話を持ってくる前に、ほかの大型書店さんにも打診をしているんだと思うんですね。でもきっと応えてもらえなかったんでしょう。それは仕方ないと思います。リスクがありますから」

つまり、大型書店であれば、イベントをやるとなればそれなりに本も仕入れておきたい。しかし、それが売れるかどうかの保証はない、それで社内の了承を得なければならないとなると、どうしても及び腰になるという分析だ。

しかし、個人経営であるレシャピートルなら、そして肌感覚で顧客のニーズがわかる榎本さんなら、リスクを抱えない数字を瞬時に判断して、すぐに返事ができる。

実際、話が来たのはイベントのひと月ほど前で、しかもイベントの会場も決まっていないという状態だった。商品到着まで数週間がかかることを考えると、猶予は一日ほど。二十冊ならいける、と判断してとりあえず注文を出した。

その後、著者からの連絡が途絶えて心配したが、イベントの一週間前に会場がとれた、との朗報があり、キャリーケースに二十冊を積んで会場まで向かった。

大変ではあるが、大事なことは本をたくさん売ることではなく、本を通して著者のメッセージを読者に伝え共有することであることを学んだ。

読者と著者、出版社を橋渡しする

フットワークとあわせて、榎本さんは自らの強みを「対話」だと考えている。お客さんに育ててもらったという意識があるので、お客さんの話を聞くことは最重要になる。まして、レシャピートルはリピーター率が高い。具体的なお客さんの要望を聞くことや、顔を思い浮かべて選書することが次のお買い上げにつながっていく。

たとえば、歌手で俳優のジェーン・バーキンが亡くなったときのこと。日刊紙や週刊誌の特集で扱っているので取り寄せられないか、という問い合わせが届いた。

まず思ったのは「取次の条件が書籍とちがうから難しいかな」だったが、ものは試しと取次会社の担当者に問い合わせてみた。すぐに返事が来て、高くはなるけどできる、とのこと。そこで「パリ・マッチ」誌を仕入れることにしたが、現地で買えばせいぜい数百円の週刊誌を、送料も考えて二千円にしなければならない。この値段なら二十冊が限度と考えて仕入れた。ふたを開けてみて驚いたことに、わずか一日で売り切れになってしまい、すぐに再発注をかけた。

「お客様との対話がなければ、わたしは思いつかなかったですよね。やっぱり二の足を踏んじゃう。入れづらいし、返品できないし、雑誌は時期的なもので、リスクもある。それがこの金額でも売れるんだと思って。うれしいですよね」

榎本さんが対話するのはお客さんだけではない。出版社や著者ともフランクに話をする。出版社の営業担当者と話をする中で増えているのが、プロモーション企画だ。出版社のほうでいまおすすめしているラインナップを紹介される。その中で榎本さんが気に入ったものがあると、「じゃあプロモーションしてみる?」と盛り上がって決まる。依頼を受けてではなく、あくまで目利きをして、というところが榎本さんらしい。シリーズとしていくつか商品を紹介されても、「自分ならこれがいい」と点数を絞ることも提案するそうだ。

ひとつ例を挙げよう。定評あるフランスの語学教材を出すCLE社のアプリ教材では、アプりということでうまく動画で特徴を紹介できる人がいたほうがよいとなった。榎本さんの頭にはすぐに適任のフランス語学校の講師が思い浮かび、話をもちかけた。快諾してもらい、YouTubeでアプリを実際に使うところを見せて紹介するという企画が実現した。榎本さんはコメント欄で視聴者の質問に回答する役割だ。もちろん、レシャピートルで販売を手がけるうえに、割引クーポンも提供した。

学習者は、フランス語の全体をわかっているわけではないから、その教材がだれに向いていて、どんな力がつくのか、どう使うのが効果的なのかを自分で判断することは難しい。目利きのスタッフが吟味した教材を、実際に教える人が使い方を示してくれるのはありがたい。この本でこんなことができるようになる、これで自分も勉強してみたい、そんなやる気がふつふつと湧いてくる。

「サイドメニュー好き」の榎本さんらしいプロモーションの提案として、書籍にノベルティを付けることを最近は勧めている。「ノベルティがあるから買ってみた」という声は多く、購入の後押しになっていると感じている。もちろん、物がなんでもよいわけではない。「ノベルティのフランスの地図ポスターがあったのですが、額装して部屋に飾ってこれで勉強を頑張りますという声をいただいて」というように、学習のモチベーションアップにつながるものが喜ばれる。

榎本さんはプロモーションは楽しいし、大切だと感じている。出版社にとっては、読者の声を直接に聞く機会はごくわずか。逆に、自信のある商品があっても、それを十分に読者に伝えることも難しい。それは、著者にとっても同じだ。書店は作り手と読者を橋渡しする役割をもっているのだと榎本さんは感じている。

お客さんからの声もメールやSNSでちょっとした感想でも寄せてくれる人は少なくないという。サイトやSNSの文面に、気軽に感想を言いたくなるような、榎本さんの人柄がにじみ出ているからだろう。「第一印象で選んだけど使いやすいです」「録音の音声がいいです」といった、出版社にわざわざ伝えるほどではないが、嬉しさを分かち合いたい気持ちが表れているコメントが届く。

「書店主は、読者と出版社、著者の仲介役なので、そこの橋渡しができる。それができたときの、ああ、こんな本探してたとお客様に言われたときの、その幸せ」

そのためにも、もっとお客さんの声を拾わないといけないな、と思いを強めている。

本を売る先の目的

まだ走り出して間もないレシャピートルだが、すでに次の大きな目標に向けて動き出した。「オンライン書店だけだと物足りないんです」と断言するように、実店舗を持つことだ。店を今後大きくしていき、扱う点数を増やしたいし、日本で出版されるフランス関連の書籍もできれば扱いたい。なにより、フランス語を学ぶ人たちを繋げる場となりたい。

その気持ちを強めたのは「先のサイン会のイベントのときに、実際の店舗があれば場所を提供できたのに」と感じたことだった。それは単に販売がしやすいといった利便性の問題ではない。著者は失踪した家族の情報を少しでも得たい、日本に来ればまだ何か手がかりがあるかも、という藁にもすがるような気持ちもあり、このイベントを企画した。その必死な気持ちは榎本さんにもひしひしと伝わってきた。

「自分の店舗であれば、時間も融通を利かせてもっと著者と集まった人たちの交流の場が持てたわけで、やっぱり本屋は実際に店舗があるのが理想だなと強く思いました」

実店舗を求めて動く中で、新しいチャレンジにも出会えた。はじめての対面イベントで、フランス語絵本の読み聞かせのイベントを開催したのだ。きっかけは、物件情報を探しつつ地元の企業イベントに足を運んだことで、団地の空きスペースで本を通して地域活性化をする「BOOK MARK」の人と知り合った。

フランス語書籍専門店と自己紹介すると、「すごいニッチですね」と驚かれつつも、「でも面白いかも？　まずなにかイベントをやってみませんか？」と誘われた。榎本さんもお客さんとの交流はかねてからやりたいと思っていたので、絵本の読み聞かせをすることにした。

ニッチなイベントながら、当日は参加者七〇人と大盛況になった。駅から徒歩十五分のローカルな団地ながら、学生さんや日仏ファミリーのほか、下は五か月の赤ちゃんから始まり、上は団地に暮らす七十代のおばあちゃんまでが集まった。

このイベントでは書店ではあるがいきなり売ることにこだわらなかった。「団地のおばあちゃんにいきなりフランス語の本を渡しても仕方ないですよね。わたしもお客様が何を求めているか、経験を積みたかったので、フランス語の本に触れるきっかけ、交流の場にしようと考えて」というねらいだ。それで読み聞かせをした後には、自由に本を手に取ってもらう時間も設けた。うれしいことにイベントのあと、読み聞かせをした本を子どもが気に入ったので買いたい、というメールが届いた。

「たぶん三、四歳の女の子ですけど、フランス語がわからないなりにも本を手に取ってくれて、その子が大きくなってもしかするとフランス語を勉強して学習者の一人になる。想像するだけでわくわくしますね」

うれしいことに、店舗をもつ前段階として取り組める機会が訪れた。貸棚書店での出店だ。その場所というのが、東京日仏学院なのだ。かつて欧明社があった店舗に、仏文学者の鹿島茂氏がプロデュースする貸棚書店「ＰＡＳＳＡＧＥ」が入ることになった。

貸棚書店なので、棚主ごとに扱う本はまちまちになる。しかしフランス政府が運営し、フランス語学習者の集まるこの場所に入る書店ということで、フランス語書籍をある程度は置きたい。そうした目論見から、レシャピートルにも棚をぜひ借りてほしいという誘いを受けた。

自分だけでお店をもつのがまだ難しい榎本さんにとってちょうどよい話だった。しかも欧明社で働いていた榎本さんにとっても思い入れのある場所だ。

実際に本を手に取れる場所なので、ビジュアルの魅力的な絵本や児童書を中心にして二〇〇点ほどを置くことを予定している。あくまでもオンラインショップがメインなので、ここをショールームのように使いたい。できるだけ店頭にも立って、お客さんと交流したい。「どんなお客さんが来てくれるか、楽しみです」。

榎本さんは、本屋の仕事を「本を売るのが最終目的ではない」と考えている。その先にある、人と人とが繋がることこそを目指している。同じ興味や目標をもつ人たちが集まり、体験を共有し、刺激しあう。榎本さん自身、前職の先輩や同僚、そしてお客さんとの縁を結ぶことで世界を広げてきた。

レシャピートルが少しずつフランス語を愛する人たちのハブとなっている。そうして出会った人たちが、また新しい章を開いてくれるのだろう。

おすすめの本

フランス語学習者におすすめの本

・Didier社「Mondes en VF」シリーズ　A1レベルの段階別リーダー

各FLE（外国語としてのフランス語教育）出版社で刊行されている段階別リーダー（読み物）。この

「Monde en VF」シリーズは、マリー・アントワネットやヴィクトル・ユゴーなど実在した著名人を中心に、A1レベルに準じた単語を用いて、功績や人柄、人生を紹介する。本文を吹き込んだ音源が出版社サイトから利用可能。「多読は自己レベルよりワンランク下作品が読みやすいと言われます。興味のあるテーマを選んで読む力を身に着けてください」

いま一押しの本

・Annie Ernaux, *Les années* Aurélie Valognes, *Mémé dans les orties*

Les années はシンプルな文体から、時代や風景の描写が眼前に現れるような豊かな追体験感を味わえる。フランスの独特なユーモアセンスが漂うオーレリー・ヴァローニュ *Mémé dans les orties* は登場人物が一風変わっていてチャーミング。忙しい頭の中をリセットしたいときにおすすめ。

書店を開きたいと思っている人におすすめの本

・Jean Leroy, Sylvain Diez, *Le livre du loup*

絵本を読み終えたオオカミくんは、この本が気に入り「だれが作ったのだろう?」と疑問を持つ。まずは買った本屋さんへ行き、配送業者、製本所、出版社、それから作家やイラストレーターたちに会いに行く楽しい旅が始まる。「たくさんの人の思いや努力を経て一冊の本ができる、本の持つ力を感じる絵本です」

村上 直隆（むらかみ・なおたか）
ナウカ・ジャパン合同会社代表

書店のなかには、在庫のあるものや新たに仕入れたものを一覧にまとめたカタログ（目録）を発行するところがある。カタログを見ながら、読みたい本を探すのは楽しく、研究者にとっては必要な資料を探す情報源になる。

村上直隆さんは、ロシア語専門書店員として、カタログ制作に半世紀以上携わってきた。大学卒業後にロシア関連書籍の輸入、販売をするナウカ株式会社に入社。二年目から宣伝部員として店で扱うロシア語書籍の月刊カタログ制作を担当することになった。現在も、事業を継承したナウカ・ジャパンで月刊のカタログ制作に携わり続けている。

村上さんの仕事の原点はカタログにある。若いころには「いつかロシア語書籍の最高のカタログを作ろう」という思いがあったというのだ。本人はこの思いを「妄想」と表現してはいるが、現在も同じ仕事を続けるのは、むしろ堅実と言える。

さらにいえば、前身のナウカが二〇〇六年に破産した後、ナウカ・ジャパンとして再出発を切るべく、村上さんはその先頭に立ち、現在は代表を務めている。どのような考えで、ロシア語専門書店の仕事に取り組んできたのだろうか。

「異質」なロシアに憧れて

村上さんは一九五〇年生まれの東京郊外育ち。アメリカの文化が急速に日本の社会に入ってきていた時代で、ディズニーのアニメや西部劇が放送され、アメリカン・ポップスが流れていた。アメリカ文化に触れつつも、村上さんはそれとは少し異なる国に興味をもつようになった。

きっかけはラジオ。兄が聞いていたのを、村上さんも聞くようになったのだが、ときどき周波数が合ったときに入るモスクワ放送の日本語放送を聞くうちに「異国への憧れ」を募らせていったのだという。日本語放送とは、現地の放送局から日本向けに日本語で発信される国際放送である。

いわばメジャーなアメリカに対して、身の回りにはあまり情報のない「少し異質」なソ連、ロシアに興味を惹かれた。

この気持ちをさらに強めたのが、高校生のときに見た映画『戦争と平和』だった。セルゲイ・ボンダルチュク監督による、二部構成で合わせて七時間弱の大作だ。見に行ったきっかけは覚えていないそうだが、これを見て「ロシア語を勉強したい」と思い、岩波書店の『岩波ロシア語辞典』を買った。

大学受験が控えていたので、すぐにはロシア語学習を始めることはできなかったが、ロシア語の学べる大学を目指した。一年浪人をして東京大学に無事に入学したことで、ロシア語の学習もついに本格的にスタートした。

語学が好きな人は聞いたことがあるかもしれないが、ロシア語は難しいと言われることが多い。キリル文字を使うし、文法も動詞活用に加えて格変化がある点が複雑だ。しかし村上さんは相性がよかったのか、ロシア語学習は「別に大変だとは思わなかった」という。村上さんの感覚では、たとえば英語と比べると、ロシア語の母音は少なく、規則性があってつづり通りに読めばよく、発音しやすい。

先に触れたように、ロシアとの出会いはモスクワ放送だった。つまりソ連の社会主義体制のプロパガンダの一環から入ったわけだが、村上さんには「政治的な関心はそれほどではなかったですね」。あくまで興味があるのはロシア語や、ロシアの文化で、それを学ぶのが楽しかった。

東京大学は、三年生から学部の専攻に分かれるしくみになっている。村上さんが三年生になるときに、ちょうど文学部にロシア語ロシア文学専修課程が設置された。

もちろん、ロシア文学の古典、トルストイやドストエフスキーなどの作品も少しは読んではいたが、むしろそうした重厚なものより、自然描写の優れた作家が好みに合った。また、村上さんはどちらかというと文学以外の方面に関心があり、西洋史学科を選んだ。大自然への憧れに加えて、日本と近いという意識もあり、シベリアの歴史を卒業論文のテーマにした。

会社の看板、カタログ

大学でロシア語を学んできた村上さんは、仕事でもロシアに関係することをしたい、ロシア語を使って働きたいと考えるようになった。漠然とした希望をもちつつも、具体的な手立てはなかったのだが、そこに友人からよい情報が入った。友人が家庭教師として教えている生徒の父親が、たまたまナウカの役員であり、社員を募集していると聞いて村上さんに教えてくれたのだ。

村上さんはこれに応募し、面接と筆記試験を経て内定。同期入社は四名いた。これは当時の社員数が五十人程度という規模を考えると多い。このときのナウカは拡大期だったと村上さんは振り返る。

ナウカは、新聞記者の大竹博吉がソ連からの書籍輸入販売会社として一九三一年に創業した。店名はロシア語で「学術」や「科学」を意味する。日本のロシア研究やロシア語学習にとって重要な役割を果たしてきた書店だが、村上さんの入社した時期には、英米やドイツからの書籍輸入事業も始めていた。

一九七〇年に大阪万博が開催されたが、このときのソ連館は、高さ一一〇メートルもの塔が突き出た建築が特徴的で、宇宙船ソユーズや人工衛星の実物など、当時最先端の科学技術を目の当たりにできる展示が話題を呼び、月の石を展示したアメリカ館と並ぶ人気を博した。ナウカはここでソ連の切手などを販売しそれなりの利益を上げていたという。村上さんの「ほかの洋書会社にとって脅威だったみたいですよ」という言葉から、その勢いのほどがうかがわれる。

村上さんが配属されたのは宣伝部。神保町にある小売店舗とは別に、池袋にあった本社オフィスでの勤務だった。

最初の一年間は欧米書籍のカタログ制作を担当した。二年目から、前任者から引き継ぐかたちでロシア語書籍のカタログ担当になった。ロシア語を使って働くという念願が叶えられ、そしていまに続く仕事の始まりでもあった。

カタログ制作と聞くと、選ばれた書目の書誌情報を一覧にして、レイアウトする、つまり冊子としてどうまとめるかというイメージが浮かぶ。しかし、当時の村上さんの業務の実際を聞くと、もっと多岐にわたる内容であったとわかる。

当時、ソ連が外国と書籍を取引する窓口は、国際図書輸出入公団（メジクニーガ）に限られていた。公団から郵送で届く週刊の新刊案内をもとに、日本の読者の需要に合った書目を選ぶ。ナウカも大学の研究者などに向けて営業する外販部門と、一般のお客さんも含めて小売をする店舗とに分かれていた。その両方で必要となる部数を記して航空便で発注をする。発注した書目をカタログに載せることになる。売上の割合としては外販の方が大きく、学術書が大半であった。

難しいのが、ソ連では出版社自体も国有で計画出版をしているということもあって、追加の発注ができないということだ。たとえよく売れる本があっても、追加注文ができないのは歯がゆい。逆に、売れ残ったからといって返品もできない。店舗の責任者である店長と相談しながら、どの本を何部発注するかを決める。

このように、冊子の紙面上の編集だけでなく、品揃えの根幹に関わる選書をも担う仕事にも携わることになる。

ほかの欧米書の割合も増えたとはいえ、ナウカの出発点はロシア語書籍。そのカタログは会社の看板と言えるが、発注業務をまだ若くして担うことに不安はなかったのだろうか。村上さんは「いま考えてみれば責任が大きかったですね」ということで、当時はそれほどプレッシャーを感じていなかった。

この仕事が性に合って、楽しくできたということかとも思ったが、むしろ最初は逆だったようだ。会社に違和感があり、仕事を辞めようかと思ったとも明かしてくれた。それが三十歳に近づき、仕事や職場に慣れてきた。「いいものを作ろう」と心が決まった。

人に助けられての再出発

村上さんのキャリアのなかで、大きな出来事のひとつがソ連の崩壊だ。この歴史的事件は当然ナウカの事業に大きな影響を及ぼした。

村上さんはソ連崩壊につながる一九九一年の八月クーデターの一週間後にモスクワを訪れて

いた。取引相手である公団の人びとの沈痛な顔つきが印象的だったという。それと前後して、公団から仕入れる本は、それまで安かった価格がぐっと上がり、入荷も滞り、やがて機能しなくなった。

ナウカは新たな仕入れ先として、モスクワにある図書館情報システムの会社に、書籍の輸出を依頼した。さらにその後には、複数のロシアの輸出業者と取引をするようになった。

村上さんはこの九〇年代から実際の仕入れ業務にも携わるようになり、ロシアに出張をするようになった。ロシアは出版が盛んで、各地で開催されるブックフェアを商談の主な機会として足を運んだ。モスクワはもちろん、サンクト＝ペテルブルク、ノボシビルスク、ウラジオストクなどなど。キーウなど旧ソ連圏や中央アジアの都市も訪れている。

村上さんはここで情報を集め、人脈も築いた。これを長く続けたことで、現地の出版関係者からの信頼を村上さんは得ることができた。これが、後にナウカ・ジャパンを立ち上げるときにもよい影響をもたらした。

かつて同業他社から脅威と言われたナウカだったが、負債が増したことなどにより、二〇〇六年に破産した。

この状況を知って、「ロシア関係の事業を始めたいからうちに来ないか」と村上さんに声をかけてくれた会社もあった。ただ、村上さんとしては「本屋の仕事をずっとやってきた」という気持ちが強い。自分はそれしかできないだろう。同時に、ロシア語書籍を必要とする人のためにも、店舗を絶やしてはいけないとも思った。ロシア語書籍を専門に扱う会社は他にもあるが、店舗中心ではない。村上さんは、実際に本を手に取って見られる路面店にこだわった。

幸いにも出資をしてくれるパートナー企業が見つかった。ナウカ・ジャパン合同会社を設立、店舗を再起動するための準備を進めた。店舗の再開は二〇〇七年の二月、倒産から半年ほどと素早かった。

出資パートナーの協力が大きく、村上さんは「自分がやったことは、ぜんぜんない」と謙虚だ。資金の面ではそうかもしれないが、いまも店頭で、本に直接触れることができるのは、村上さんの強い思い入れがあってこそだったのだと知る。

旧ナウカの在庫を買い取って棚に並べて、なんとかかっこうをつけてのスタートだった。ロシアの取引相手も、融通を利かせてくれた。旧ナウカの負債があるが、長く付き合ってきた村上さんがいるならと、少しずつでも負債を返すことを前提に、取引は続けるように取り計らってくれた。店の根幹である仕入れがこうして確保された。

日本のロシア語専門書店ならではのラインナップ

現在のナウカ・ジャパンは少数精鋭体制。店頭に立つのは基本的に一人だが、ほかのスタッフは店の奥に控えて必要に応じて協力する。

店は神保町駅から少し北側にある。前の道路に置かれた、ロシア国旗と同じ色合いの看板が目印だ。書かれたロシア語Книгиは「本」を意味する。

入ってすぐの棚は歴史関係。左奥に進むと文学関係がずらっと並ぶ。文学は最も注文点数の多いジャンルで、ドストエフスキー、トルストイ、チェーホフなどの古典は不動の人気だ。平台に並べられているのはペーパーバックのシリーズで、手に取りやすいからと店頭でもよく売れる。

入口右側に戻ると、地図や旅行関係のコーナーがある。その隣が日本関係の棚で、近年ラインナップが増えて、スペースを増やしている。

窓際のスペースに並ぶのは絵本や美術系のビジュアル中心のもの。やはり実物を見られるのがいいようで、絵本は店舗ではよく売れている。

店の奥、レジの前のスペースはロシア語学習書のコーナー。ここには日本で出版された参考書も並ぶ。店頭では最もよく売れるのが学習書で、品揃えが充実している。

その反対側の棚も、語学好きにはぜひチェックしてほしい。ロシア近隣地域を中心とした、さまざまな言語の教材が並んでいる。ウクライナ語にブルガリア語やノルウェー語、クロアチア語、タジク語、アルメニア語、タタール語など、およそほかの書店では見つけられないライ

ンナップだ。ときおり、語学書セールも行っているので、その際にはぜひ足を運んでほしい。

店頭に並ぶ本を見ていると、小さなラベルが貼られているものがあることに気づく。ラベルには「新着」と記されていて、新しく入荷したものだと一目でわかるようになっている。ささやかではあるが、開店以来続けているナウカ・ジャパンのスタイルだ。

ラインナップの面での工夫はどうだろうか。やはり日本関係の本が充実している。世界的に人気の谷崎潤一郎や村上春樹などの作品のロシア語版はもちろん、『東海道中膝栗毛』など古典のロシア語版や、徳川将軍家を扱う歴史書など、幅広い。日本関係に関しては、ロシアのどの書店よりも充実している、と評するロシア人もいる。

もうひとつ、村上さんが意識していると挙げたのが、極東・シベリアのジャンルだ。

人気のペーパーバックシリーズ

ロシア語以外の教材も充実

日本と近く、歴史的にも関わりが深いことから、日本の読者の関心は高い。大学でシベリアの歴史を研究テーマにした村上さん自身も、そのひとりと言えるだろう。ふつうはカタログで、歴史や経済など、ジャンルごとに書目を掲載するが、極東・シベリアはそれでひとつのジャンルとしてあり、この地域に関する書籍ならさまざまなジャンル、テーマをまとめて掲載するようにしている。

　この地域の本を充実して取り扱えるのも、やはり村上さんのこれまでの経験があってこそ。たとえばウラジオストクに村上さんは一九九〇年代から訪れており、そこで開催されるブックフェアに参加し、現地の出版関係者と会ってきた。そうして本の情報を得て、取引を結ぶことができているのだ。

ウクライナ語だけでこれだけの点数がそろう

「新着」のラベル

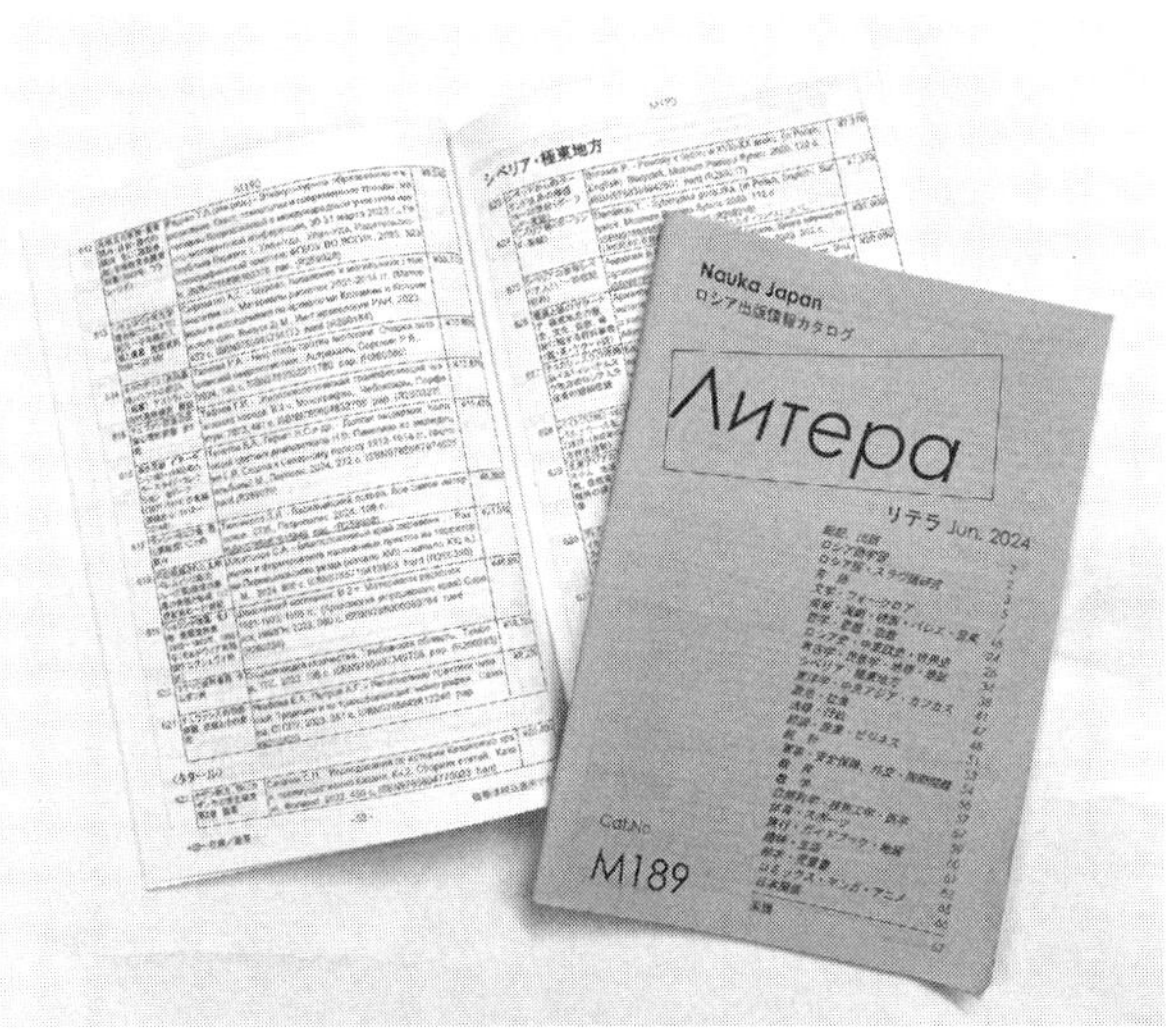

月刊カタログ「リテラ」

あるお客さんからは、千島（クリル）列島にある出版社から出された本がほしいという要望が届いた。千島で本が作られていることに驚かされるが、それを仕入れることができるようにするのがナウカ・ジャパンの仕事になる。極東・シベリア地域で刊行される出版点数は、もちろんモスクワでの点数に比べればはるかに少ないが、どのジャンルでも日本の読者にとって関心のあるものが多い。村上さんにとって「ブックフェアではそうした本に出会えるのが楽しみ」なのだ。

カタログの試行錯誤

スタッフの数は少ないので、それぞれが中心の担当をもちつつ、複数の業務を行う。村上さんは仕入れと経理を担当しつつ、カタログ制作も続けている。ただし、次の世代に引き継ぐことも考えて、もう一人の若いスタッフにも担当してもらっている。

かつては、ロシアから届いたカタログ冊子から、必要な書目の欄を切り抜き、カードに切り貼りして編集し、写植で版下を作成してもらい印刷していたこともあった。現在はロシアからのカタログもデータで届くので、それを使ってパソコンで作成している。

ナウカ・ジャパンのカタログは「リテラ」と題し、月刊で発行し、ウェブサイトでPDF版も見られるようになっている。各号は六十四ページほどで、八〇〇以上のタイトルが並ぶ。「ロシア語学習」「文学・フォークロア」などのジャンルで分けてあり、各書目の書誌情報と、内容紹介がひと言添えられている。

デザインや基本の構成はナウカ・ジャパンになって最初の号を出してから変わっておらず、途中で「コミック」「絵本」のジャンルを加えたり、ジャンル内にも小見出しを付けたりという程度のマイナーチェンジだ。十数年以上、変わらないとなると、ベテランの村上さんだけあってすでに仕事の型のようなものができあがっているからなのかと思う。しかしそれは見た目の上でのことに過ぎないようだ。

「ルーチンワークをやっていればいいというわけではない。変化させていかなくちゃいけない」

カタログはレイアウトや小見出しなど見やすいに越したことはない。しかしそれは本質では

店内ではマトリョーシカも販売している

ない。なにより大切なのは載せている本のセレクションだと、村上さんは言い切る。ロシアやその近隣で出された本から、日本で紹介したいもの、日本で紹介すべきものをきちんと載せる。それこそが「いいカタログ」の本質だと考えている。

ことばにすると極めてシンプルなことだが、これを実現するには各ジャンルや著者などに対する知識と、お客さんの関心を把握する経験とを磨き続けなければならない。村上さんが変化が必要だと語る意図はそこにあるのだと感じる。

本とお客さんをつなぐ難しさ

かつて「いつか最高のカタログを」という思いを抱いた村上さんだが、現時点ではその自己評価はどうだろうか。尋ねてみるが、「まあ、いいものを作ろうと専念してやってきて、ここまで続いてきた感じですね」。

淡々とした回答だが、半世紀以上この仕事をやってきたことを思うと、重みがある。最高のカタログとは、具体的な形を指すのではなく、選書の充実に重きを置くという村上さんの方針を表しているのかもしれない。

村上さんはあわせて「いまはカタログだけじゃなく、他の仕事もやっていますから」ともいう。仕入れも重要な業務であり、経理も担当している。二年ほど前からは、旧ナウカ時代も含めてこれまで経験のなかった外販のほうも見るようになっている。そのなかで新しい気づきもあったという。

カタログは、顧客と想定される人全体に向けて送付し、見てもらうことを期待する。店からお客さんに対して一方通行型の発信で、「いわばテレビみたいなもの」だ。その方法はいまのお客さんにふさわしいだろうかと感じるようになった。

たとえばカタログの「絵本」のジャンルは後から足したが、これは必要だろうか。絵本は店頭での売り上げのほうが高い。それは実物を手に取って選べるからで、概要だけを伝えるカタログでは効果がないのではないか。

あるいは、最近は自分の関心のあるジャンルやテーマに絞って本を買い求める人が増えている。顧客全員に一斉に同じ内容の情報を届けるカタログよりも、ふさわしい情報の届け方があるのではないか。

「個々のお客さんに、興味のある本があったらカタログの完成を待たないで先に知らせるとか、そういうことが大切じゃないかなということを、何十年とやってきてようやく気づいたんですね」

それぞれのお客さんの需要を把握したいところだが、ニーズは多様化している。難しさもあるが、新しいお客さんの獲得にもつながっているのはうれしい。たとえば、ロシア・ペンザ地方の透かし編みスカーフについての本にたくさんの注文が入った。

もうひとつ例を挙げると、中国で人気のＢＬ（ボーイズラブ）小説のロシア語版が好評だという。村上さんにとってはまったく未知の領域なので「特需」と表現するが、独自のイラストが収録されていたり、付録があったりでファンの購買意欲を刺激しているようだ。

このお客さんたちは、編み物やＢＬ小説が好きで、見たい本がたまたまロシアのものだったということで、注文をしてくれたわけだ。これまでの主な客層であるロシア語を勉強している人、ロシアが好きな人とは関心のあり方がちがう。どこに需要があるかはなかなかわからないが、求められるものには応えたい。

個々のお客さんの需要を見越すことは、一般のお客さんに対してだけ意味があるのではない。研究者に対しても、その人の研究テーマを知れば提案できる本があるかもしれないのは同じだ。

どんな本が出版されたかをまずよく知る。お客さんが何を求めているかを知り、ふさわしい本が見つかったときにその情報を提供する。本のことだけを知っていても空振りになってしまう。「売らんかなというより、まずはお客さんと本を結びつけること」だと、ほかのスタッフにも伝えるようにしている。

一朝一夕でできることではなく、売り上げにもすぐには結びつかないかもしれない。村上さんもそれはわかっているので「数字は後からついてくるものとか、かっこいいこと言ったりして」と茶目っ気交じりで言う。

共同作業という関係性

本と人を結ぶという考えが生まれてきたのには、村上さん自身が人と接することに、この仕事の魅力を感じていることも関係しているかもしれない。

何度もロシアに足を運んだ村上さんは、現地の関係者と密な関係を結んできた。ビジネスでの関係となると、シビアな商談もあるように思うが、村上さんの場合はちがう。ふだんの業務でメールをやりとりするときには相談や交渉などもある。しかしブックフェアなどで実際に会うとなると、相手もよく来てくれたと歓迎し、食事をご馳走してくれるという。

ロシアのことが知りたい、日本のことが知りたいというお互いの気持ちがあって話が弾む。だんだんと仲良くなり、気さくな付き合いができるようになったという。

それは馴れ合いの関係になることではない。村上さんからすれば、本の仕入れ先であり、相手からすれば、日本で唯一の取引先になる。どちらかが欠けても成り立たない。本を読者に届けるために「共同作業をしている」という信頼をお互いに感じているのだ。

ソ連時代は、計画出版された本の情報を待ち、追加注文はできない一発勝負のようなかたちだった。いまのナウカ・ジャパンはその対極にある。さまざまなジャンルの本の情報を得て、仕入れ先を各地で開拓する。その成果ともいうべきラインナップが店頭には並んでいる。ぜひ実際にお店を訪れてほしい。なにせ村上さんがこだわったように、ロシアとその近隣で出版された本を手に取って見られるかけがえのない場所なのだから。

おすすめの本

ロシア語学習者におすすめの本

・Хавронина С. А. *Говорите по-русски. Учебное пособие для иностранцев.*
日本語では「ロシア語を話しましょう 外国人のための教科書」として知られる初級者向けの教材。ソ連時代からの大ロングセラーで今でも売れているが、「各人が自分にあった学習書を選ぶのが一番」。

書店を開きたいと思っている人におすすめの本

・ニコライ・スミルノフ＝ソコリスキイ『書物の話』源貴志訳（図書出版社、一九九四年）

書物を愛するロシアの作家、愛書家たちを記録。ロシアの書籍文化について知ることができる。訳者は二〇二三年に急逝した早稲田大学教授の源貴志さんで、ナウカについても解説で触れられている。

編集部のお買い上げ①

［レシャピートル］coup de cœurを求めて

上京する前はフランス語の原書を扱う書店が身近になく、途方に暮れていた中縋ったのが、レシャピートル。そこで出会った本の一つが、David Foenkinos の *Numéro deux* だ。「高校生のゴンクール賞」にもノミネートされた作品で、文体が比較的易しく、多読にうってつけだ。映画のキャスティングの最終選考で選ばれず、「二番目」という挫折を味わった主人公の再起の物語で、榎本さんの「サクセスストーリーだけが文学作品になるわけではないことを教えてくれる」という紹介文にも惹かれた。

私は外国語で読書する際、語彙や文章の読解に気を取られ、つい読書そのものの楽しさを忘れがちになる。しかし、本作では「自分は外国語で読んでいる」という感覚を忘れ、鬱々とした展開ながらも主人公の心の機微を丁寧に綴る原文にのめりこめた。

レシャピートルでは、外国語を学ぶ上で大きな原動力になる、読者の「好き」が先立つような参考書・文学が紹介されている。榎本さんの選書を頼れば、誰もがそれぞれの coup de cœur（ときめくもの）を見つけることができるのだ。

（F）

編集部のお買い上げ②

［ナウカ・ジャパン］ロシア語で広がる語学書コレクション

職場から近いため、お昼休みや終業後にふらっと寄れるナウカ・ジャパンで以前より学んでみたかったアルメニア語の参考書、*Армянский язык. Начальный курс* を購入した。日本語はおろか、英語でも教材の少ない「マイナー言語」、アルメニア語。しかし、旧ソ連圏でロシアと繋がりが強いためか、ロシア語では教科書・単語集などが多数出版されている。解説・練習問題が豊富で、例文や語形変化にも音声（別売り）が付されており、とても頭に入りやすい。ロシア語母語話者向けの発音解説等もあるが、全体の構成に関しては日本の他言語の参考書と特に変わらない。語学書の編集者として外国の語学書を眺めるのも、また一興だ。

もちろん自身のロシア語は完璧には程遠いので、解説や問題文を読む際はロシア語辞書が手放せず、今何語を勉強しているのか……という疑問が絶えない。ただ、一つ疑いようのないことは、ロシア語を学ぶとその向こう側にロシアにとどまらない大きな世界が広がっているということだ。ナウカの扉を開ける度、今日は何に出会えるか、と高揚感でいっぱいになる。

（F）

髙木 和子（たかぎ・かずこ）
有限会社インタースペイン取締役。スペイン語講師。
著書に『実践！ビジネススペイン語ハンドブック』など。

塚本 真依子（つかもと・まいこ）
宮瀧 智佳子（みやたき・ちかこ）
興梠 ひかり（こうろき・ひかり）
セルバンテス書店スタッフ。

フランスのアンスティチュ・フランセ、ドイツならゲーテ・インスティトゥート。いくつかの国では、その国の言語を国外で教育・普及するための文化機関を外国に設置している。
スペインもそうした国のひとつで、世界各国にインスティトゥト・セルバンテスを置き、スペイン語講座やスペイン語圏文化に関するイベントを催している。日本にもインスティトゥト・

セルバンテス東京（旧セルバンテス文化センター東京）があるが、他の国と違う特徴がある。書店が併設されているのだ。その名もセルバンテス書店。

とはいっても、書店を経営するのはスペイン政府ではなく、日本の企業「インタースペイン」である。インタースペインの書店部門の屋号がセルバンテス書店になる。同社代表の髙木和子さんが、二〇〇七年にインスティトゥト・セルバンテスができるとき、建物内に書店を置いてはと提案し、当時の館長が「世界初」の響きに共感して実現したという。

この提案は髙木さんにとって「大きな挑戦だった」という。それまであった渋谷の店を閉め、同時に運営していたスペイン語教室も閉じるという決断をしたからだ。これが正しかったことは現在まで店が続いていることが証明している。

さて、世界初のセルバンテス書店を成功させた髙木さんだが、現在は「店のことはなんにもやってない」と笑顔で言い切る。五年ほど前にスペイン語で博士論文を書くと決め、三人いる頼れるスタッフに「お店は任せるよ」と話し、実際に裁量をもって運営してもらっている。しかもこれは、突発的に任せたわけではなく、髙木さんの以前からの考えあっての結果でもある。

日本のスペイン語学習のまさに中心ともいえる場所にあるスペイン語専門書店。それを切り盛りするチームはどのように作られてきたのだろうか。髙木さん、そしてスタッフのみなさんのお話から紐解いていこう。

ゼロからスペイン語社会に飛び込む

髙木さんは現在、大学の非常勤講師として週に二日スペイン語を教え、さらにスペイン国立遠隔教育大学の博士課程に在学して、スペイン語の冠詞の習得という、日本語話者にとっての難題についての論文を執筆している、まさにスペイン語のプロフェッショナルだ。しかし、スペイン語に触れたのは社会人になり、ビジネスで必要になってからだった。

一九九二年のバルセロナ・オリンピックとセビリア万博を控えたスペインに向けて、多くの日本企業が進出を図った。その流れで髙木さんは、ある銀行のマドリード駐在事務所の秘書として採用された。「所長は日本人だからスペイン語はできなくて大丈夫」との話だったし、髙木さん自身も最初は「どうせならおしゃれなフランスがよかった」というほどの意識だったので、スペイン到着時点での語学力はほぼゼロ。

しかし業務に就いてまもなくすると、スペイン人スタッフも多く、日々の業務をこなすには当然スペイン語が必要だと気づいた。

「わたしにとってスペイン語はほんとうに仕事のため、生活のために始めたという感じ」と振り返る。スペイン語との奮闘が始まった。

ただ幸運なことに、スペイン語は髙木さんにとって「フィーリングが合う」言語だった。着実に上達し、その後は企業内通訳などの仕事も経験した。

セルバンテス書店のほかのスタッフもそうだが、日本では大学でスペイン語学習を始める人が多い。髙木さんのように最初からスペインで学び始める例は珍しい。そしてこのスペイン語事始めは、髙木さんの語学観に大きな影響を与えている。現地で生活し、仕事で具体的な相手を目の前にして言葉を学び使っていると、「言葉の形式だけを伝えて終わるんじゃなくて、どんな短文であっても前後のコンテクストがある、つまり発信する人と受け取る人の存在を強烈に感じるわけですよ」。

たとえば、人に会ったときの「Ｈｏｌａ」という挨拶。最初級のひと言の挨拶だが、誰が誰に向かって言っているのか。元気かどうかを尋ねたいのかもしれない。話を聞いていない人に対して、皮肉や注意を向けるつもりで言うのかもしれない。コミュニケーションとは、問題集で冠詞と名詞の性や数の正しい組み合わせだけをひたすら答えるような、唯一の答えがある世界ではない。もっと立体的なやりとりなのだ。

これをはっきり意識したのは大学で教えるようになってからだという。学生たちには文面の後ろにあるコンテクストを想像する習慣をつけてほしい。「この文はどんなときに誰が誰に向かって言っているのかな？　彼らはどこにいる？　彼らの関係性は？」という問いかけに学生たちは新鮮な驚きを感じるようだ。そして、コミュニケーションには唯一の正解はないということにはっと気づくのだろう。

コンテクストを理解するとは、その言葉を使う人や文化を理解することだとも言える。理解をしたものは取り入れることもできる。

高木さんは「その言葉を使う人たちのライフスタイルから、取り入れられるものは取り入れて血肉とし、自分の人生の幅を広げてほしい」と考えている。本を売ること、スペイン語を教えることを通して、そのメッセージを届けたい。インタースペインのウェブサイトのトップに掲げた「知識×経験」のモットーが、その想いを表している。

マナンティアル書店を引き継ぐ

高木さんはスペインでビジネスの経験を積むなかで、日本でビジネスをしたい、仲間になってくれる日本人を探しているというふたりのスペイン人と出会った。帰国して一緒にインタースペインを創業し、最初の事業として三重県にあるテーマパーク、志摩スペイン村で働くスペイン人スタッフのマネジメント業務を始めた。

これまでの経歴からは、書店の要素はまったく見えてこない。それもそのはずで、書店事業に着手するのは、スペイン語と出会ったのと同じく、やはり偶然の縁からだったのだ。

「マナンティアル書店が、引き継いでくれる人を探しているらしい」。創業パートナーのひとり、イニャキさんの耳にこんな話が入った。一九九七年のことだ。

当時、日本に暮らすスペイン人はせいぜい千人ほどで、インターネットもまだ普及していない。東京に暮らすスペイン人コミュニティは定期的に集まり、ボードゲームなどを楽しみながら情報交換をしていたという。

マナンティアル書店は市ヶ谷に店舗を構える宗教書とスペイン語書籍の専門書店で、一九七〇年代からスペインの修道女たちが運営してきた。その彼女たちも日本で働いて二十年以上、そろそろ引退してスペインに帰りたい、ついてはできればスペインの文化やスペイン語を理解する人に継いでほしいと、スペイン大使館に相談をしたということだった。

話を聞き、マナンティアル書店を訪れた髙木さんはすぐに書店を受け継ぐことを決めた。店に並ぶ教科書を見ると、まさに髙木さんがスペインで学び始めたときに使っていたものがあった。商材である本に自然と親近感が湧いた。スペイン語学習を日本で始めた学習者だと、スペインのテキストに触れる機会は少ない。スペインで学び始めた髙木さんだからこその出会いだったと言える。書店経営のことはまったく知らなかったが、「これならできるかも」。

マナンティアル書店を引き継いだ髙木さんは、最初は自由が丘に店を構え、その後渋谷の公園通りに移転する。その際に書店と併設してスペイン語教室を開く。そしてインスティトゥト・セルバンテス東京の設立を機に現在の場所に移った。奇しくも、マナンティアル書店があったのと同じ市ヶ谷の地に戻ってきたのだ。

インスティトゥト・セルバンテスに書店を。こう提案した髙木さんの頭にあったのは、日本の大学には生協などの書店が必ず入っていることだった。さらにもうひとつ、欧明社のイメージがあった。

かつて東京日仏学院（アンスティチュ・フランセ）には、フランス語専門書店欧明社があった。パリの書店を思わせる外装がフランス語を学ぶ雰囲気にぴったりだった。「こんな素敵な店があるんだ」という感動が髙木さんに残っていたのだ。

国の文化機関の長というのは名誉ある職なので、詩人など文化的な人が就くことが多い。ただ、インスティトゥト・セルバンテス東京は運営費が世界一高いセンターということで、珍しいことに初代館長はビジネス界出身の人物だった。世界初の書店併設のセンターという事例は彼にとっても魅力的だったようだ。

自分自身で発案したこの移転だが、実は髙木さん本人は経営者としてかなり悩まされた。創業から十年が経とうという時期で、スペイン語教室も順調だった。渋谷の店と市ヶ谷とのふたつを頑張るべきか、市ヶ谷に一本化するべきか。結局、セルバンテスに通いたいという生徒が増えることを見越して、渋谷は店舗も教室も閉める決断をした。「長い物には巻かれろ」と表現するが、冷静な見通しの上での判断だろう。

小規模だからこそ、チームが大切

移転にあたって、もうひとつ重要なことがあった。経営者としてのスキルアップだ。スペイン人の創業パートナーふたりが、それぞれバルセロナとタイで新しい事業を始めるということで、「後は頼むよって、置き去りにされちゃったんです」。

これまで任せていた経営指標などの数値的な管理業務を、髙木さんが自分自身でやらなくてはいけなくなった。経営って勉強できるのかな、と思いながら市ヶ谷駅と麹町駅をつなぐ坂道を歩いていたとき、「経営大学院」の看板が髙木さんの目に入った。思いついたようにそこに入ると、ちょうど来週から新学期が始まると聞き、早速申し込んだ。これまでも創業パートナーに教えられて部分的には携わってきたが、いざ自分で向き合わなくてはならないとなると、取り組む真剣さの度合いがちがう。三年をかけて経営学修士であるMBAまで取得したというから驚かされる。

経営大学院で学んだことはどのように生かされただろうか。その答えは少し意外で、数値的なことではない。

「いちばん大きかったのは、これはチームを作らないと長期的にはできないなというのがわかったんですよ」

小規模の経営となると、ひとりのカリスマ的なリーダーがいて、その力で経営するということが多い。しかしそれではその人がいなくなった途端に立ち行かなくなる。

「社会的責任としては長く続けることもひとつの大事な命題だと思うので、それを考えると自分が前面に出ていくだけではいけない。ほかの人の能力も集めて、みんなで分担してやる。そういう組織化の手法をすごく学べたのがとってもよかったんです」

その重要性に気づけたのは、髙木さんがキャリアの最初をスペインで過ごした影響がある。

スペインでは、働いて最初の年から二十二日の年次休暇が与えられ、ほとんどの従業員が百パーセント消化する。平日でも、夕方にはバルの席がいっぱいになる。余暇をとても大切にしているのだ。マナンティアル書店でも、修道女のみなさんは忙しくても毎日午後三時にはお茶とクッキーを囲んでいたのが、いまも強く印象に残っている。

小さな書店経営だと、自分は仕事が好きだからと、ひとりで十数時間以上も働く人もいる。それに対して髙木さんはというと「わたしはヨガとか、公園をぶらぶら散歩するとか、そういうのが好きなんですね。どうやって自由に使える時間をつくるか、それを人よりも強烈に大事にしていると思います」。この志向がスペインの価値観とも合わさって、髙木さんのスタイルが完成したのだろう。

ワークライフバランスのためにはチームをつくる必要がある。つまり、スタッフを雇用しなければならない。そのために必要な、収支や利益を数値的に見る計数管理を髙木さんは学んだわけだ。ＭＢＡという響きには大企業やアメリカの企業のイメージがあるが、実際には小さいからこそ役立つものでもあると髙木さんは実感している。

現在のお店は興梠ひかりさん、塚本真依子さん、宮瀧智佳子さんの三名が運営している。もちろん全員スペイン語学習経験が豊富で、取り扱う教材の知識も備えている。そのうえで髙木さんが意識的に働きかけてきたのが、経営的な提案をしてもらうことだったという。たとえば、本の値段を決めるのに、自分で決めずにスタッフに問いかけてきた。常に伝えるのは「感覚的なことだけじゃなくて、数値に落とし込む」こと。

これを積み重ねていき、仕入れる商品に対して、コストや売上データをもとにした提案が出てくるようになった。「値付けが高くなりすぎて日本の学習者に合わないのでやめましょう」「内容はいいけど、日本語訳の冊子があるほうがいいので付けましょう、その場合価格はこれくらいで」といった具合だ。

チームを作るとは人員が揃うことだけではいけない。それぞれが何をやるべきか自覚することで成り立つ。自立したスタッフの集うチームだからこそ、小さな会社だが育児のための時短勤務も産休も取れている。

語学書に特化して

少数精鋭のスタッフは現在の店舗をどのように運営しているのだろうか。

そもそも、マナンティアル書店のラインナップは宗教書が半分超を占めていた。髙木さんも後に知ることになるが、上智大学や清泉女子大学といったカトリック系の大学の、充実した蔵書を支えてきたのがマナンティアル書店だったのだ。

しかし髙木さんは、宗教書は自分たちでは扱えないと判断し、語学書や読み物にラインナップを特化した。二〇〇〇年代前半までは中南米から日本に働きに来ている人が多く、ネイティブ向けの読み物が多く売れた。自由が丘時代からの最古参スタッフ、興梠さんが振り返るところによると、「渋谷の時はスペイン語母語話者のお客さんが多くて、だからスペインに関わるものならなんでも置こうという感じ」だったという。

しかしリーマンショックが二〇〇八年に起きると、そういうお客さんの多くが帰国してしまう。さらにAmazonが台頭し、電子書籍も登場してきたことで、日本でもスペイン語の書籍を手に入れやすくなった。前年にインスティトゥト・セルバンテス内に移転したこともあり、お客さんは学習者が多くなった。教室があり、スペインの文部科学省が実施する「外国語としてのスペイン語検定試験（通称DELE）」を運営する機関なのだから当然である。

「ここに来てこそ見つかるもの、なおかつお客さんに対応できるもの」を提供しようとねらい、さらに二年ほどをかけて在庫を入れ替えていき、語学書に特化していった。現在の店の在庫は九割が教材で、残りは小説などだが、それも学習に適したものに絞っている。

仕入れと店頭業務を主に担うのが宮瀧さん。もともと、大学院生のときにインスティトゥト・セルバンテスでインターンボランティアをしたことがきっかけで、セルバンテス書店に通って

平台には、見た目にも楽しい本が並ぶ

いた。そのため求人に応募した際にはすでに先輩スタッフの興梠さん、塚本さんと面識があり、そのお墨付きで入社した逸材だ。

宮瀧さんによると、売れ筋は、DELEの試験対策教材で、文法や語彙などの各ジャンルとレベルの本が「ここに来れば一式そろう」ことが特徴だ。目の高さの位置に陳列しているので、すぐ見つけ出すことができる。

読み物や小説では、スペインの作家の原書と合わせて、ネイティブの子ども向けに易しくリライトされたものも置いている。文法や語彙レベルに合わせて読める段階別読み物として有用だ。日本の小説、特に村上春樹や小川洋子、三浦しをん作品のスペイン語版も人気で、日本語と照らし合わせて読む人が多いようだ。

少し意外だが、見た目で仕入れることにする本もあるという。しかし、絵本やイラストのある事典は表現が易しく、ビジュアルが読むモチベーションにつながるという理由を聞くと納得できる。それにいわゆる「ジャケ買い」をするのも、お店に実際に足を運んだからこその本との出会いであり、楽しみだ。

お客さんに寄り添える店

教材に特化しているので、厳選されているといってもその数は多い。そのうちでどれが自分に合うのか、お客さんも迷ってしまうことがある。教材選びに迷ったときにはぜひ相談してほしい、と三人とも声をそろえて言う。スタッフ自身が学習者なので、学習者に寄り添えることがこの書店の付加価値になっている。

塚本さんは大学のスペイン語専攻出身。専攻の授業は厳しく、スペイン語の勉強に明け暮れた学生生活だった。旅行会社、新聞社での経験を経て、やっぱりスペイン語にかかわる仕事をと、転職してきた。そんな筋金入りのスペイン語学習者だからこそ、苦労がわかるし、自分だったらこの本を使う、というおすすめの仕方ができる。「個人の感想が多分に入っていますけど」と笑うが、その実感こそがお客さんの琴線に触れるのだろう。

極端な例を挙げると、どの本なら試験に合格できるか質問されたこともあった。もちろん、学習状況は人それぞれ、誰もが合格できる教材はない。では、このお客さんは実際には何に悩んでいるのか。

同じ学習者仲間として話を聞き、あるいは逆にどんな勉強をしてきたかを質問する。そうすると、実は試験対策を求めているわけではないとわかるような場合もあった。

お客さんが、スペイン語を学ぶ楽しさも大変さもスタッフと共有できる。それこそが実店舗で本を売ることの意義とも思える。

受け身ではなく、発信する側に

遠慮なく相談してほしいという気持ちはあるが、お客さんからアプローチしてくることに甘えているわけではない。せっかく足を運んでくれたお客さんなのだから、気持ちよく本を選べるようにしたい。

以前は、「スペインの書店が日本にもある」という雰囲気にしようと、スペイン語だけの空間にしていた。ただ、日本語の説明がない状態ではどうしても直感的には本の情報がわかりづらい。

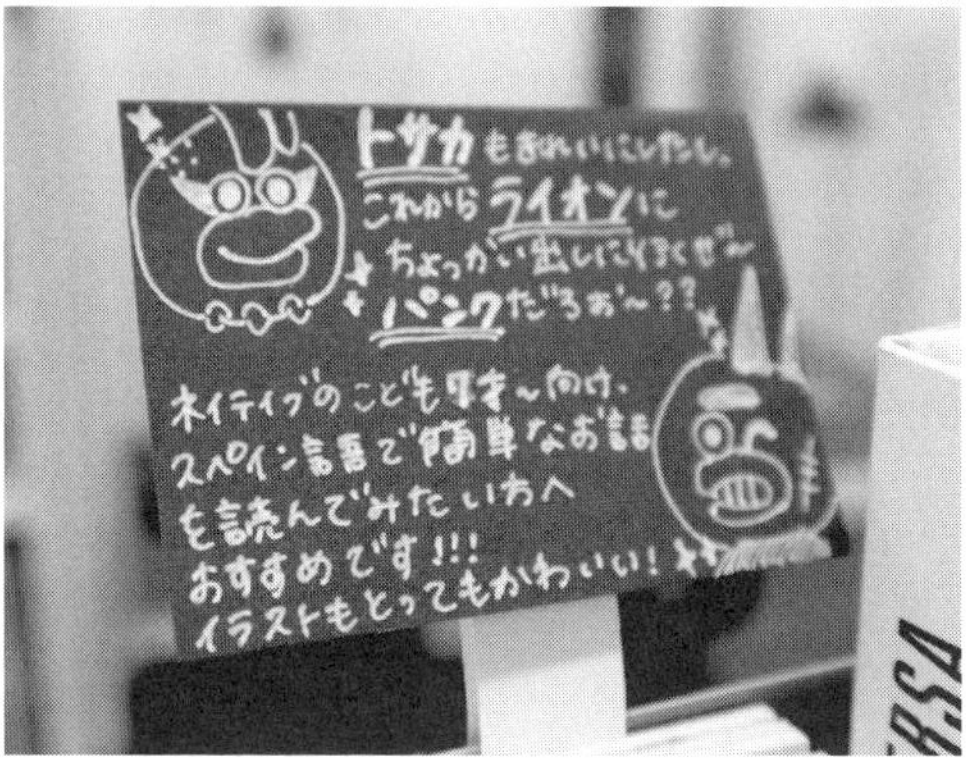

工夫を凝らしたポップ

「わたしたちは何回も聞かれて説明するので、なんとなく伝わっているだろうと思ってしまうところがあったんですが、実はお客さんはみんな同じようなことで迷っているのかもしれない」

そう気づき、学習者のニーズに合ったスタイルに変えてきた。いちばんに目に入るのは、棚の仕切りごと、あるいは平台に並ぶ一冊ごとにつけられた手書きのポップだ。

ポップ職人は宮瀧さん。心がけているのは、内容を「自分ごととして考えてもらうこと」。たとえば売れ筋のDELE教材だが、受験したことがないと、レベルやどのような力がつくのかわかりづらい。その補助線として、ポップで「初級者におすすめ」と言い換えたり、「試験を受けなくてもリーディングにぴったり」といった使い方を提案したりする。自分のやりたいことや学習方法に合うかを考えられるのはうれしい。

練られた文面に加えて、イラストやキャッチコピーを入れるなど目を引く工夫を凝らしている。これも店頭で本を並べるからこそだ。

店頭での発信に加えて、この数年はウェブサイト、特にSNSの活用に力を入れている。コロナ禍で店を閉めざるをえなかったことがきっかけになった。幸いオンラインショップへの注文はそこそこあった。それなら店頭で説明していたことを文字化して見せよう。ブログで教材を紹介するように努め、休眠状態だったXも、毎日投稿するようにした。

こちらの担当も宮瀧さんで、取り組むにあたってほかの書店のSNSを観察した。特に参考にしたのがフランス語専門のオンライン書店「レシャピートル」。目を引く投稿にするために、できるだけ写真を付け、撮り方も本を単独で見せるのか、棚で見せるのかなど工夫している。

内容は任せきっているとほかの二人は口をそろえるが、それはそれぞれが課題意識、提案性をもって取り組むという習慣が根付いているからこその信頼なのだろう。それに、三人の間ではおしゃべりという名の情報共有を常にしており、宮瀧さんもそこから話題を見つけている。

数年の試行錯誤を重ねて、いまのかたちが完成した。うれしいことにブログやXを見て「この本ありますか？」と来店してくれる人もいる。オンラインショップだけでなく、実店舗の追い風にもなっている。

自分たちでコンテンツを作る

先に触れたように売れ筋はDELE教材だが、その稼ぎ頭はインタースペイン発行、つまり自前で編集する参考書だ。スペインの出版社と連携して、日本語版を作成しているのだが、興梠さんがほほえみながら「出版部門はわれわれです」と明かす。書店員との二足のわらじだ。

出版も手がけるようになったのは二〇一一年頃。まだDELE対策の教材が限られており、スペイン語だけで受ける試験はハードルが高いという印象があった。そこで日本人が取り組みやすいものがあったほうがいいのではとの考えから企画した。スペインの出版社のDELE対策教材をもとに、日本の学習者が使いやすいように翻訳や解説を付したり、タイトルもわかりやすく変えたりして、日本語版にしている。さらに、DELE対策以外では、自社オリジナルのものを一から企画、発行している。自ら発信する、学習者に寄り

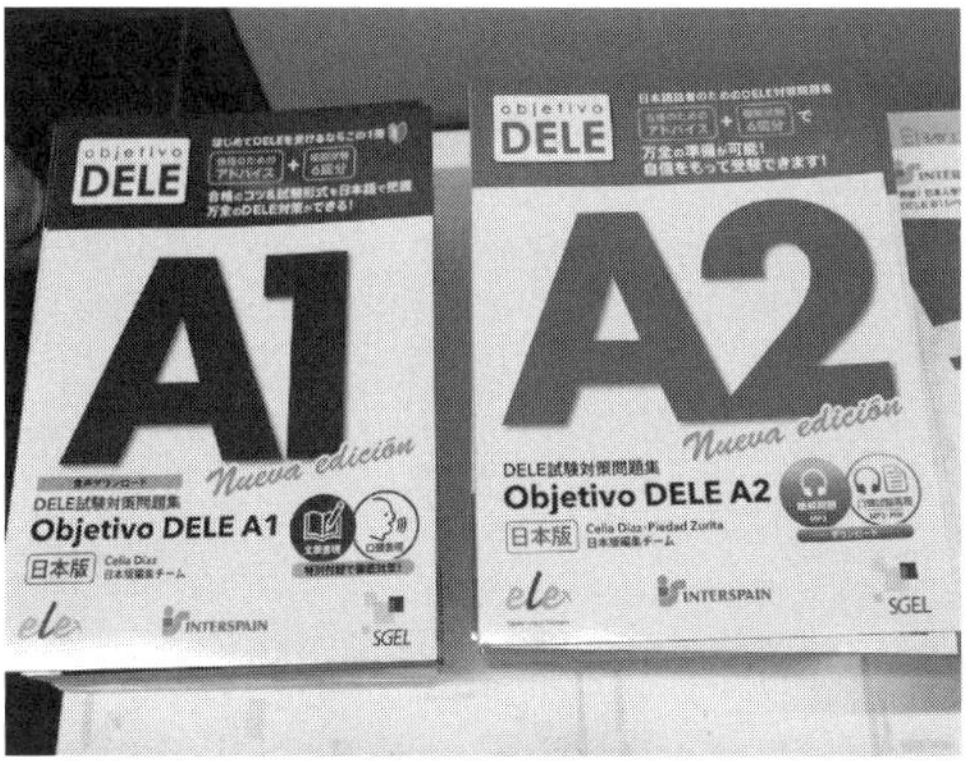

売れ筋のインタースペイン発行のDELE教材

添うという姿勢の極致とも言える。

学習者の声を直に聞いて、的確にニーズをつかんでいるからだろう、オンラインショップの売り上げのうちの高い割合を担っている。スペインとの細かい編集作業のやりとりが大変だと苦笑いしつつも、一年に一冊は出していきたいという目標を掲げている。

宮瀧さんはさらにもう一歩進んだ目標を語ってくれた。「もっとアクティブな、場を作っていく書店でありたい」。

これを実現すべく、一年前から新しい挑戦が始まった。自社編集の本を買ってくれた人を対象にした、オンラインでの勉強会だ。講師は髙木さん。学習者の声に耳を澄まし、それをもとに教材も作る、そして代表は言語教育のプロ。まさにセルバンテス書店ならではの布陣だ。

語学書に特化していくと決めたとき、髙木さんが考えたのは「品物を並べてお客さんが来るのをただ待っているのではいけない」ということだった。日本人学習者である自分たちだからこその付加価値を出していきたい。その思いは新しいかたちで結実しつつあると言えそうだ。

急がない、けれど止まらない

創業以来、数度の移転にラインナップの刷新、ＳＮＳの発信強化、そして自社教材の制作……。常に変化してきたセルバンテス書店なので、外から見るとかなり精力的な印象を受ける。だが会社が掲げる理念は「急がない、けれど止まらない」。またちがう印象だ。

これは創業パートナーがよく口にしていた言葉だ。何かを為すことは大切だが、必ずしもスピード第一ではない。慌ててやっつけ仕事をしても、やり直す破目になったというような覚えは誰にでもある。時間をかけて材料を集めなければならないこともあるし、休むことも必要だ。結局は「外のプレッシャーで行動するんじゃなくて、そのときどきの自分の判断で動こうよ、ということなんだ」と髙木さんは解釈している。

仕事の仕方と休み方、両方に通じる大切な理念だ。スペイン語の学習も同じにも通じる。うまく進まない時期には立ち止まる時期があってもいい、しかし決してスペイン語から離れないでほしい。

もうひとつ、セルバンテス書店のみんなが積極的に仕事に取り組める理由がある。それは専門的には心理的安全性と言われるもので、平たく言えば、チームのなかで意見を出せば、それを仲間がきちんと聞いてくれるという安心感があることだ。

髙木さんは「能力が高くても、言葉が荒いとか、否定から入るとかいう関係性は嫌なんです。それぞれが八〇パーセントの力でいい、でも全体としてまとまるのがいい」と断言する。この考え方を特に言葉にして掲げてきたわけではない。ただ、これまでもスタッフと相談しつつ、任せる部分は任せるという民主的なプロセスで仕事をしてきたので、この価値観を自然と共有できているのだ。

学習者なら一度は来たいメッカに

順調に見えるお店だが、もちろん厳しい面や課題はある。特にこの数年は、新型コロナウイルス、ブレグジット、ロシアのウクライナ侵攻に急激な円安の影響が大きかった。スペインからの輸入方法は数回にわたって変更しなければならず、その度にコストの問題に振り回されている。

マイナスの要素が多い状況なので、まずは現状維持が第一だ。そのうえでもっと多くの人に知ってもらいたいと、SNS担当として宮瀧さんは意気込む。

国内のスペイン語学習者の総数は限られているが、だからこそ情報を届けたい相手は明確だ。そのための発信を日々欠かさない。存在を知ってもらえたなら、できるだけアクセスしやすいようにする。ウェブサイトのわかりやすい位置に営業時間を示す、営業カレンダーを定期的にアップする、Googleビジネスに営業時間を入れるといった、地道な努力を重ねている。

スペイン語に少しでも関わったことのある人には一度は立ち寄ってほしい。学び始めた人も、挫折しそうな人も大歓迎だ。スペインの本のにおいを嗅ぎに来てほしい。店舗スタッフの三人は口々にそう言う。そしてスタッフに支えられて、スペイン語で博士論文を書くという目標を近々達成する髙木さん。結局セルバンテス書店の人々はスペイン語が好きなのだ。そして一緒に学ぶ仲間を求めている。

スペイン語への愛着が泉のように湧き出る書店。これからも訪れる学習者の意欲を潤してくれるだろう。

おすすめの本

スペイン語学習者におすすめの本

・ＡＮＡＹＡ出版「ANAYA ELE en」シリーズのGramática
Ａ１―Ａ２（初級）、Ｂ１（中級）、Ｂ２（中上級）、Ｃ１―Ｃ２（上級）の四タイトルが刊行。とにかく細かい文法解説と豊富な練習問題が特徴で、文法解説パートでは用法や注意点をしっかり学べる。とにかく一冊持っておいて、何周もやりこむのがおすすめ。

いま一押しの本

・Ｌａｒｏｕｓｓｅ出版「Mi primer Larousse de」シリーズ
辞書で有名なラルース社から出ているネイティブの子ども向けのシリーズ。簡潔な文章がわかりやすく、スペイン語を勉強中の人も楽しみながら読めて知識を得られる。「はじめての百科事典」、「はじめての

地図帳」、「はじめてのなぜ」、「はじめての科学」、「はじめての宇宙」など、テーマが豊富。ぜひ興味のある一冊から読んでみてほしい。

・SM出版　*DICCIONARIO COMBINATORIO PRÁCTICO DEL ESPAÑOL CONTEMPORÁNEO: Las palabras en su contexto*

語彙力アップ&表現力を豊かにしたい人に最適のコロケーション辞書。一般的な辞書と異なり、単語の意味ではなく、その単語が他にどんな単語と結びつくのかがわかる。スペイン語をずっと続けて学んでいきたいと思っている人は、一生使えるはず。

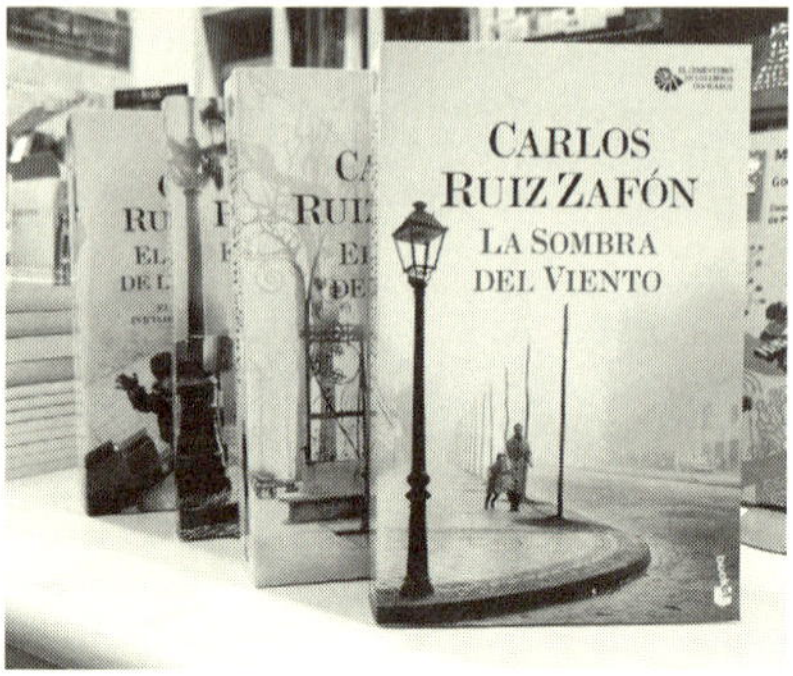

書店を開きたいと思っている人におすすめの本

・Carlos Ruiz Zafón, *La sombra del viento*（邦訳：カルロス・ルイス・サフォン『風の影』木村裕美訳、集英社文庫）

世界中で翻訳され、日本語版もベストセラーになったスペインのミステリー小説。謎がさらに謎を呼び、息をつく暇もないほどの展開。主人公も読者である自分も、本との出会いを通じて、何かが変わる、というきっかけになる一冊。

宇野 和美（うの・かずみ）
翻訳家、スペイン語の子どもの本専門ネット書店「ミランフ洋書店」店主。訳書に、グアダルーペ・ネッテル『花びらとその他の不穏な物語』、『赤い魚の夫婦』（以上、現代書館）、アナ・マリア・マトゥーテ『小鳥たち マトゥーテ短篇選』（東宣出版）など多数。

最初に翻訳した本が刊行されたのが一九九五年。扱う言語はスペイン語で、スペインのものもラテンアメリカのものも手がけ、その数は六十冊以上にも上る。取り上げるジャンルも幅広いが、とりわけ絵本と児童書、つまり「子どもの本」が多い。

スペイン語の翻訳者、児童書の翻訳者といういずれからも、第一人者といえるのが、宇野和美さんだ。

翻訳者のなかには「宇野さんの訳す本ならば間違いない」と信頼を寄せる人もいる。独自の選書眼で、多くの良書の翻訳を送り出してきた。

その宇野さんには、もうひとつの顔がある。スペイン語の子どもの本専門のオンライン書店「ミランフ洋書店」の店主だ。スペイン語の書籍を扱う店は他にもあるが、ミランフ洋書店は、ラインナップに絵本や童話、児童文学やＹＡ（ヤングアダルト）が充実しているのが大きな特徴だ。それは宇野さんの翻訳の仕事とこの店が切り離せないからだ。本人はミランフ洋書店は「翻訳のスピンオフ」だという。翻訳という本編で届ける本に対して、スピンオフでは誰にどんな本を届けようとしているのだろうか。

翻訳に憧れて

宇野さんがスペイン語に出会ったのは大学生のときだった。英語の勉強が好きだったので、大学でも外国語を学びたいと思った。せっかくなら英語以外の言語をと考え、話者も多く、かつメジャーすぎないスペイン語を選んだ。ちなみに、募集定員が少なすぎず、合格しやすいだろうという打算も働いた。つまりは深い理由があったわけではなく、なかば偶然に出会った言語がスペイン語だったのだ。

外国語学部の学生ですと人に言うと、語学を勉強して何をするのか、とよく聞かれる。単純に言語を学ぶこと自体が好きな人もいるのだが、語学は何かをするための手段だと考えるのがふつうとも言える。

この質問に対する宇野さんの答えは「スペイン語で本を読めるようになりたい」だ。子どものときから読書好き、海外の小説にも親しむ中で、中学生のときに翻訳家という仕事があると気づいた。

「外国のことばを自分が日本語に直す。それで日本の読者が読めるようになるってすごいな」。翻訳家への漠然とした憧れが生まれた。なので、大学で勉強してスペイン語を読むのは楽しかった。一方で会話のほうは苦手で、これはのちにスペインに留学するまで尾を引いたようだ。

当時、宇野さんが学ぶ東京外国語大学スペイン語学科では、教授の牛島信明さんがスペイン文学、ラテンアメリカ文学を翻訳し刊行していた。翻訳をしている先生がいる、と気になった宇野さんは、牛島研究室に足を運ぶようにした。二年生の夏休みには、自分でも読める本はないかとアドバイスをもらいに行った。

最初に薦められたのが、ピオ・バローハの *Los amores tardíos*（『遅かりし愛』、未邦訳）、次にはエルネスト・サバトの『トンネル』（高見英一訳、国書刊行会）。どちらも百ページほどの薄い本だった。文法的にも語彙的にもまだまだわからないところが多く、読みこなせてはいなかった。それでも読むのは好きで、苦痛ではなかった。

三年生から牛島先生の文学講読の授業が始まったが、「一ページを読むのに辞書を何回引くかという感じで、ここまでしてこれだけしかわからない」という力だった。それでも学ぶうちに読むスピードも上がり、理解もできるようになっていき、卒論では現代文学をやりたいと牛島先生に相談し、アナ・マリア・マトゥーテの三部作に取り組んだ。

ちなみに、原書を読むのに宇野さんが活用した辞書がある。「マリア・モリネール・スペイン語用法辞書（*Diccionario de uso del español*）」だ。二巻構成の大きな辞書で、コロケーション（ある語が、どの語と一緒に使われるか）や成句の解説が充実しているのが特徴になっている。図書館や先生の研究室にはもちろん備え付けてあるが、これを自分の手元に置きたいと、アルバイトでお金を貯めた。そして毎月のようにのぞいていたイタリア、スペイン、ポルトガル書籍専門の老舗イタリア書房で買った。

児童書との出会い

宇野さんは四年間でスペイン語の力をつけ、一応は文学を読むという経験も積んだ。卒業後の進路は、翻訳をしたいという気持ちは強くあったが、一方で親のすねをかじりたくない、自立したいという気持ちも強かった。それで大学院には進学せず、就職の道を選んだ。本が好きということで出版社に入社したが、本にかかわる仕事であればいつか翻訳にもつながるかな、というぼんやりとした期待もあった。

社内では辞書好きというアピールが功を奏して、新しくできた学習辞典の部署に配属されたのはよかったが、これが激務だった。働きながらスペイン語の勉強と目論んでいたが、そんな時間はとれない。それでも、翻訳への熱意だけは燃やし続けていた。

しかし翻訳をするといっても、自分はいったいどんな本が訳せるだろうか。

宇野さんが大学を卒業したのが一九八三年で、この時期には集英社がラテンアメリカ文学の全集を刊行するなど、六〇年代に始まるラテンアメリカ文学のブームの大作家の作品が次々と訳されていた。しかし「ラテンアメリカのは自分は読んだことはないし、アカデミックな世界で活躍している方が訳しているから入る余地もないし、入れる気もしない。でもスペインの文学は出している出版社もない。それで児童文学はどうかなと」。

八〇年代までに児童文学の作品はちょこちょこと出ているが、コンスタントではない。面白い作品があれば、自分が翻訳者として入っていく余地があるのではという期待を抱いた。

そこでスペインの児童文学をリサーチするために宇野さんがとった方法がユニークだ。一九八八年に新婚旅行でスペインを訪れたのだが、そのときに書店で売れ筋のもの十冊を買い求めたのだ。その十冊でまずは見当をつけようとのねらいだ。

訪れたのはマドリードにあるカサ・デル・リブロ（Casa del Libro）本店。スペインの老舗かつ大手書店で、繁華街のグラン・ビア通りに現在も店を構えている。学生時代に牛島先生に教えてもらって唯一知っているから、という理由で向かったに過ぎなかったのだが、これがよい結果につながった。

たまたま児童書売り場にいた店員に「スペインの作家でよく読まれているものを教えてください」と声をかけた。いま思えば、書店員だからといって本に詳しいとも限らないし、急なお願いだったが、運よく、その店員は文庫くらいの手軽なサイズの本をぱぱっと選んでくれた。

「たまたまですが、フランコ独裁時代が終わって、八〇年代は検閲がなくなって押さえられていた児童文学がわっと出た。ちょうどその時期の作品を教えてもらったんだなと、いまになって思う」と振り返るように、児童書に目をつけたのは成功だった。

出版社で働いた経験から備わった「みんながやっているものでなく、新しい分野で勝負を」という勘がどうやら生きた。面白いと思う作家がいれば、その作家のほかの作品にも手を伸ばすという方法でスペインの児童書を読み始めた。

もちろん、それですぐに翻訳の仕事ができるわけではない。しかも、出産を機に会社を退職し、子育ての真っただ中に突入するところだった。当時、雑誌の広告などで「子育てをしながらあいた時間に翻訳の勉強を」という謳い文句を目にして、自分もそんなふうにと考えたが、現実は甘くない。子どもの世話で精一杯の状況が続く。

半年ほどたったところで「やばい、これはできない。作戦を変えなきゃ」と思い立つ。自分の時間を作るために子どもを保育園に入れたい。そのためには働く必要がある。

前職の辞典編集部で、外注スタッフとして仕事をもらった。このとき、上司にあたる人の理解があり、実際には週三日の勤務内容だが、書類上では週五日ということにして提出してくれた。おかげで平日は子どもを保育園に預け、週二日は自分の勉強に充てられた。

さらに前職の児童書部門の先輩に将来子どもの本を翻訳したいと相談して、児童書の校正の仕事や、翻訳のリーディングの仕事をもらうようにして、チャンスをうかがっていた。

そうしてその人脈から、『アドリア海の奇跡』（徳間書店）が刊行できることになった。作者のジョアン・マヌエル・ジズベルトは、最初買った十冊の作家のひとりだった。

須賀敦子さんのことばに導かれて

最初の翻訳に続けて翌年の一九九六年にも絵本の翻訳が刊行できた。ただ、どちらもラッキーな形で出せたが、次の見通しはない。長男の後、長女、次男と続けて出産しケア労働で余裕がなく、スペイン語もまだ十分にできない、児童書のことももっと知りたい。

そんな欲求不満を抱えていた時期に、宇野さんはイタリア文学の翻訳家で作家の須賀敦子さんのことばに出会う。

河出書房新社の文藝別冊の須賀さんの追悼特集を読んでいると、作家の森まゆみさんが須賀さんとのエピソードを記していた。

読んだ途端、宇野さんは雷が落ちたような衝撃を受けた。須賀さんが森さんに対して、あなたみたいな人は一度ヨーロッパに行ったらいい、子ども三人連れて行っちゃえばいい、と勧めたというのだ。

「わたしは森さんのような人ではないけど、でも子どもを連れて行くくらい価値のあることなのか。それを須賀敦子さんが保証してくれたという気持ちになって」と振り返る。

訳書を出したとはいえ、文学の専門家でもない主婦だ。それでもなんとか留学する手立てはないか。それも、外国人向けの語学講座ではなく、大学できちんと児童文学を学びたい。調べた末、バルセロナ自治大学で児童文学を専門とする先生がいることがわかり、手紙を送り、学びたい熱意を伝えた。拍子抜けするほどにすんなりと受け入れられて、大学の学位があるならと、大学院に入れることになった。

次に家族を説得しなければいけない。その説得材料とするために、スペイン外務省の奨学金に申し込んだ。「望ましい」とされていた年齢制限は超えていたが、あくまで目安のはずと思い切って申請してみると、これも無事通った。夫や親は呆れて驚愕しながらも、それで理解したというのか諦めてくれた。

だが、夫を日本に残し子どもは連れていくつもりだったが、なるべく無理強いはしたくない。下の二人はまだ幼くなにもわからないからか、一緒にスペインに行くことに抵抗はなかった。

棚貸書店「西日暮里BOOK APARTMENT」で店番をしながら、カウンターで翻訳に勤しむことも

かわいそうなのはこのとき小学四年生の長男で、最初は日本に残ると言っていたが、結局ついてきてくれることになった。宇野さんも「この子には負担をかけちゃったな」とは感じている。

留学一年目はとにかく大変だった。子どもが学校に行っている間はいいが、帰宅後や週末は子どもにかかりきり。加えて、相変わらず会話は苦手だった。最初の訳書を翻訳中、著者に会いに行ったのだが、それを牛島先生に報告すると「こんなにスペイン語をしゃべれない人が訳しているのかってびっくりされちゃいますよ」と言われ、さらに留学を受け入れてくれた先生にも「こんなにしゃべれないとは思わなかった」と驚かれたそうだ。手紙のやりとりでは問題がなかっただけに、驚きが大きかったのだろう。

宇野さんはこのエピソードを笑いながら明かしてくれる。子どもたちはストレスからか、きょうだいげんかが絶えず、正直自分のできなさ加減に泣きたい毎日だったが、日本の家族にはつらいとは間違えても言えなかったという。

二年で終えるつもりの留学だったが、子育てをしながらではかどらない。学んだ証拠を学位というかたちで残したいという気持ちも強まり、修士論文を完成させるために期間を半年延ばした。この二年半でスペイン語の力もついたうえ、多くの人と知り合うことができた。「留学しなかったら、いまここにはいなかった」と語る経験ができた。

嘘から出た実

二〇〇二年に帰国した宇野さんは、その経験も生きて少しずつ翻訳の仕事が増えていく。二〇〇四年には、スペイン語の翻訳・通訳事業やスペイン語講座を運営する企業イスパニカで、通信添削の講師を務めることになった。

その教材を買うのに、もともと自分が本を買うのに利用していたスペインの書籍輸出会社を利用することにした。

二〇〇五年、この会社が東京で開かれるブックフェアに出展することになり、宇野さんにミーティングをしないかと声がかかった。宇野さんとしては特に話すことはないが、せっかくのお誘いだし、珍しい機会だからと会うことにした。

その場で尋ねられたのが、宇野さん自身は本を売っていないのかということだった。宇野さんはもっぱら自分が翻訳したい本を探すために買い求めていたが、考えてみれば、通信添削の教材は、自分が取り寄せている。そう思い至り、「売ってないわけではない」と答えると、「なんだ、もっと早く言ってくれればよかった、それなら次からは書店向けの掛け率にするよ」と言われた。これまで宇野さんは個人として買っており、それでも定価から一割引きほどの価格にしてもらっていた。向こうとしてはそれよりもよい掛け率、つまり書店向けの正式な割引率で販売しよう、という厚意だったのだろう。

こう答えた宇野さんだが、「これはやばい、半分くらい嘘をついてしまった」と冷や汗をかく。通信添削用に買う本はわずかな数なのだ。どうしようかと考える帰り道だったが、家に帰るときには答えが出ていた。「じゃあ本当に本屋をやっちゃおうかな」。

傍からはかなりカジュアルな思いつきだったのかとも思えるが、自分で留学先を見つけ、奨学金を獲得して三人の子どもを連れて行った宇野さんである。行動力の裏打ちがあったのだろうと感じる。

あくまで本業は翻訳なので、「翻訳のスピンオフみたいな感じ」で収支もマイナスにならなければよい。費用と労力の面でオンライン書店にしようと考えた。準備期間を二年と定めて、自治体の企業セミナーを受け、ショップページを作る方法を調べた。

肝心の品揃えだが、方針そのものは最初から宇野さんのなかで「子どもの本専門店」とはっきり決まっていた。大人向けの本まで扱うとなると数にきりがないという理由がひとつ。児童書であれば、翻訳のためにこれまで読んできて、翻訳はできないけどいい本だと感じたものはあったから、それを届けることができる。あるいは自分の学生時代の経験と照らし合わせても、スペイン語の文法を一通り学んでも、それで文学作品を読むことは語彙的にも文法的にも無理である。児童書なら、文章量もいろいろで、さまざまなレベルのものがある。

「大人の本しか知らない人は、子どもの本は子どもじみているとか、程度の低いものとして見るけど、子どもの本でもよくできたものはすごくいい文章になっている。そういうものに触れられたらいい」

こうして二〇〇七年、「ミランフ洋書店」がスタートした。

ロゴは、バルセロナ好きつながりのブックデザイナー森枝雄司さんに作ってもらった。開店時の取り扱いは二十タイトルほど。店名の「ミランフ」はカルメン・マルティン・ガイテの『マンハッタンの赤ずきんちゃん』に出てくる造語からとった。「今からいいことがある」という意味のおまじないだ。

児童書の選書眼

二〇二三年現在、取扱点数は約五百タイトルと大きく充実した。最初の年こそ、棚卸が必要なことを知らずに戸惑ったが、以降は表計算ソフトで原価や在庫を管理している。数は増えても、基本の方針は変わっていない。ただ、数あるラインナップの中から選びやすいように工夫はしている。

自身の学習レベルに合わせて本を選べるように、それぞれの本に宇野さんの感覚で難易度を四段階で示している。すべての本を実際に一通り目を通してチェックしているからこそできることだ。

レベル表示のほかに、本のカテゴリー分けを細かくするという工夫もある。ひとつのカテゴリーで扱う点数が増えていくと、どうしても下のほうに表示されるものは見てもらえる頻度が下がる。細かく分けることで、さまざまな本が見てもらえるようにという意図だ。カテゴリー分けはたまに入れ替えるなどメンテナンスをしている。

児童書ということのほかに、もうひとつ宇野さんのとっている方針がある。英米のベストセラーなどをスペイン語訳したものは扱わず、スペイン語オリジナルのものを扱うことだ。最初からスペイン語のリズムや文体で書かれたもの、スペイン語圏の文化や発想を反映しているものを届けたいと考えているからだ。これは上で述べたカテゴリー分けにも反映されているともいえる。

カテゴリーはジャンルや対象年齢に加えて、スペインか中南米かでも分けられている。特に関心のある地域が決まっている読者にとってはうれしい。とはいっても、現在スペイン語圏で出版される本は、国境を越えて出されるものも多い。出版社はスペインにあるが、作家自身はラテンアメリカであったり、文章はチリの作家で絵はスペインの画家のコラボレーションであったりする。どのように分けるかは難しく、作家名と一緒に国名も表示している。

ミランフ洋書店の場合、スペインの本と中南米の本とで仕入れの方法が異なる。スペインのほうは、書籍輸出会社にまとめて注文する。バイヤーとしてスペインのブックフェアに招待されて、そこで選ぶ機会もある。

だが、中南米はまとめて依頼できる輸出会社はなく出版社ごとに仕入れるしかない。二〇〇七年からはメキシコのグアダラハラで開催される図書展に隔年で通うようになり、二〇一三年からはそこで買いつけもするようになった。

ここにはメキシコ以外のチリやコロンビアなどの出版社も出展がある。めぼしいと思ったものはすべてその場で買い、持ち帰る。というのもメキシコは運送料が高いうえに送った荷物が届かないこともある。なので、スーツケースを二つ準備し、飛行機の預け荷物の上限である二十三キロまで、本を詰めて帰るのだ。二〇一九年に訪れたときは、超過料金が発生してもせいぜい百ドルだからと、重さを気にせずに買い求めた。

なお、アルゼンチンはメキシコより遠いが、意外にも送料は安く済むらしい。なので、アルゼンチンの本は直接注文することもある。

選書の基準はどうなっているだろうか。ここでも、宇野さんの翻訳者としての経歴が大きな意味をもつ。いい児童書、絵本を出している出版社の人とは付き合いがあるし、作家にも知り合いがいるので、会えばどんな新刊が出たか、面白かったのはどれか、といったことを話せる。こういう人とのつながりがあるから、グアダラハラで仕入れているという。

そして本を選ぶとき、宇野さんは翻訳家と書店主とのふたつの頭を使っているようだ。翻訳できるかもしれないと目星をつける本もあれば、翻訳はできないかもしれないけど、手にとってほしい、売れるかもしれないと思って入手する本もある。

このとき、翻訳するにしても売るにしても、ベストセラーは宇野さんにとって魅力に映るとは限らない。むしろそうしたものへの興味は薄い。「こんな本は日本では作られないな、というものが好き」なのだ。スペイン語圏にはこんな本がある、というといわば提案型である。

宇野さん自身は「商才はないと思う」と言うが、それはベストセラーにこだわらないということからだろう。スペイン語のものに限らず、日本のものも含めて児童書には常に目を配ってきた。どういう本が良いか、評価されているか。絵と文章の両方から見極める選書眼は強みになっている。

こうして仕入れられた本は、ひとつひとつに内容紹介の文を付けて商品としてラインナップされる。粒ぞろいの本だけに、紹介文を見るだけで読みたくなってしまうはずだ。

あらすじだけでなく、「スペイン語の文法をひととおり学習して、物語に挑戦してみたい方にぴったり」、「少しだけ文章の多いものに挑戦してみようという方にもおすすめ」などのレベルについてのコメントがあるのもうれしい。これなら自分でも読めるかも、次はこれを読んでみたい。そんな気持ちにさせてくれる。

もっと提案を

赤字にならなければよいと思って始めた書店だが、いまは立派に黒字で、十五年を超えて続けている。それだけ続けていると、少しやり方にも変化がある。

当初は絵本の取り扱いが少なかった。絵本は造本も凝っており、高価になりがちのため、手軽に買ってもらいにくいという配慮からだった。しかしスペイン語圏では近年、絵本の出版が盛んで、お客さんからも絵本を読みたいという声が届くようになったこともあり、絵本のラインナップを増やした。

そして絵本の読者は、学習者以外にもいる。それは日本に暮らす、スペイン語圏出身の親とその子どもだ。

「子どもはまだ一歳ですけど、赤ちゃん向けの絵本はありますかというような問い合わせが増えてきた」という。スペイン語の赤ちゃん絵本はむかしは少なかったのが、近年は増えてきたこともあり、親がメキシコ人ならメキシコの絵本を、アルゼンチンならこちらを、など相談に乗りながら一緒に選ぶこともあるそうだ。

個人のお客さんだけでなく、図書館の多文化サービスからの注文も入る。多文化サービスとは、在住外国人をはじめとする多様な文化・言語的背景をもつ人びとの情報アクセスを保証する公共図書館の役割だ。スペイン語書籍を蔵書するのに、ミランフ洋書店から購入する館もある。

宇野さん自身も、多文化サービスの充実を図るための研究や活動を行っている任意団体「むすびめの会」に参加し、各地の図書館の多文化サービスを見学したこともある。

この多文化サービスについて、宇野さんはある課題を感じている。ミランフ洋書店では、翻訳された本は基本的には扱っていないのだが、日本の作家のスペイン語版は扱うようになってきた。日本語がないと一人で読む自信がまだない、という人のガイドになると考えてのことだ。そういう本は多文化サービスの蔵書としても求められる。ただ、そればかりになってしまう傾向があるのが、宇野さんは気がかりなのだという。

図書館スタッフとしては、自分たちも内容がわかって安心して扱えるという意味で、日本の作品のスペイン語版を選びたくなる気持ちは理解できる。しかし、実際に利用するスペイン語話者の人はどう感じているだろうか。

「利用者は、日本の本ばかりじゃなくて、現地の作家が書いた本を読みたいだろうとも思っているんですよね。そういうものも必要だと思うんです。赤ちゃん絵本でも、最初からスペイン語のリズムで書かれている本、たとえばわらべ歌の本とか、もっとそういう本も置いてほしいと心から思っているんです」

それを実現するためには、本の内容をある程度わかるように図書館スタッフに説明をしなくてはならない。宇野さんには、いま扱っている本だけでも、せめてリストにして案内ができるようにしたい気持ちはある。ただ、現実としてはそこまでの余力はないと明かす。

いまでも、相談を受ければ提案はするようにしている。たとえば、環境活動家グレタ・トゥンベリさんのことを書いた絵本など、ノンフィクション絵本でよいものがないかという相談。あるいは、宇野さんから、国語の教科書に出てくる本のスペイン語版を探してみようかと持ち掛けることもある。

宇野さんの熱意も大切だが、図書館の多文化サービスという部門全体として、どんな本を置くべきか、考えるべき課題でもあるだろう。

読者の目線に立って

宇野さんの本業は翻訳である。その選書眼が、ミランフ洋書店の取り扱い書籍にも反映されている。一方で本をどう届けるかという点に目を向けると、宇野さんはやはり書店主でもあると感じる。

学習者が本を選びやすいように。日本に暮らすスペイン語ネイティブが現地の作家の作品を読めるように。宇野さんのこうした姿勢から、常にお客さんである読者の目線に立っているのだと気づかされる。

読者とつながるため、ミランフ洋書店は新しい試みを始めた。二〇二一年三月、西日暮里にある棚貸し書店「西日暮里BOOK APARTMENT」に出店をしたのだ。三十一センチ角の棚ひとつ分、冊数にして約二十冊分と、ごく限られたスペースだが、ミランフ洋書店が扱う本を手に取って選ぶことができる。

西日暮里BOOK APARTMENTでの陳列

「これまでもお店はないんですか、行ってみたいです、と聞かれることはあって、でもお断りしてきました。それでちょっとしたポップアップみたいなお店を開きたいなとは考えていたんです」

やはり本を直接見てもらう機会があるといい。西日暮里BOOK APARTMENTは、棚を借りるほかに、店番を担当するしくみがある。店番に立つと、棚のほかに平台（テーブル）を自由に使うことができる。宇野さんは月に一回、店番をし、お客さんに実物を見てもらえるようにしている。店番をする日は事前にSNS

で告知し、見たいものがあれば持っていくとリクエストを募ってもいる。

あるお客さんは、ミランフ洋書店で買った絵本を手にやってきてくれた。見ると、絵本には付箋がびっしり。辞書で調べたことをメモしてある。うれしくて「わからないところはありませんでしたか？」と会話が弾む。

あるいは、キューバ人だというお父さんが子どもと二人でやってきた。それにあわせて宇野さんも本を持っていくと、あれもいい、これもいい、と選んでいる。日本人のお母さんからは五千円まで、とメールで釘を刺されたようなので「じゃあこれはおまけでいいよ！」と宇野さんもついサービスしてしまう。

店番の仕事はあるが、お客さんと直に触れ合える。「こうやって楽しんで読んでくれるんだな」とわかる。

文学はまだ読めるレベルではないと絵本を求めていくお客さんがいる。しかし絵本だから簡単というわけではない。どんな本でも、日本人にとっては難しい表現が必ず出てくる。しかし宇野さんの紹介文を見て、「これだったら自分で読めるかも、と手に取ってくれるのはうれしい」。それが「これを読めたから、次はこういうのを買いたい」という期待につながる。その声が、宇野さんにとってこの仕事の魅力だ。

現在は円安で、本を仕入れるのには厳しい状況が続いている。お手頃価格で次々に買えるような本を提供したいと思っても、どうしても安くない値付けになってしまう。お金のある人だけが楽しめるようにはなってほしくはないという気持ちもある。ついつい仕入れするのに委縮してしまうが、ラインナップが減ってしまうし、よいものは取り寄せないといけない。

コロナ禍のために、外国にも行けていなかったが、四年ぶりにグアダラハラのブックフェアに行く予定が立った。久しぶりの大規模の入荷を楽しみに待ちたい。

おすすめの本

スペイン語学習者におすすめの本

・Gabriela Keselman, Teresa Novoa, *Conejos de etiqueta*

ネイティブの五、六歳向けの童話。旅行中、二十匹の子どもウサギの面倒をおばあちゃんウサギに見てもらうために、それぞれの子どもウサギにラベルを付けるけれど、嵐が来てラベルが飛んで行ってしまい……。口語表現もあれば接続法もあり、線過去と点過去の使い分けもわかり、と文法的な総合力が要求されて勉強になる一冊。文章に添えられた絵がとてもかわいい。

いま一押しの本

・Elena Odriozola, *Ya sé prepararme el desayuno*
バスクの作家の絵本。日本人が求める絵本のかわいさとは少しちがうかもしれないけれど、この絵が宇野さんのおすすめポイント。タイトルは「ひとりで料理できるよ」という意味で、ほかにもシリーズで「ひとりで洋服を着れるよ」「ひとりで畑ができるよ」など展開されている。

書店を開きたいと思っている人におすすめの本

・María Teresa Andruetto（文）, Martina Trach（絵）, *Clara y el hombre en la ventana*
タイトルを訳すと『クララと窓辺の男』。クララが洗濯物を届けに行っても、決して外に出てこない、草原の一軒家に住む男性。やがて二人の間に本のやりとりがはじまり……という、国際アンデルセン賞受賞作家の母親の実話に基づくアルゼンチンの絵本。少女と男性が本を通してどう変わっていくかに心打たれる。

編集部のお買い上げ③

［セルバンテス書店］あのオレンジを探して

ＤＥＬＥを受けようと思ったのは、スペイン語専攻二年生の頃だったろうか。友人が留学を視野に入れはじめ、スペイン語と自分の将来をどう結びつけるのか、真剣に考え出した時期だった。わたしもなにか目標に向けて打ち込みたい、という欲にＤＥＬＥはうってつけだった。

どうせ受験するのであれば、自分の実力よりも少し上の級にチャレンジしたいと、中級に当たるＢ１レベルに申し込んだ。学内でＤＥＬＥの問題集を見かけたことがあったので、どうせならばと同じものを探した。確かオレンジの表紙で、とうろ覚えだったものの、スペイン語の検定本といえば、のセルバンテス書店で探したところ、あっさりと見つけることができた。勇んで *Preparación al DELE B1* と『合格！Ｂ１レベルＤＥＬＥ試験対策スペイン語基本単語１１５０＋α』の二冊を手に入れ勉強を始めたが、これがなかなかに難しかった。

単語帳の、意味を覚えていない単語に付箋を貼った。はやく全ての付箋を剥がしきって、まっさらな状態に戻したいのだが、本からはみ出る色とりどりの印は、まだしばらく取れそうにない。（Ｎ）

編集部のお買い上げ④

［ミランフ洋書店］造本の工夫に魅せられて

小さな我が家では、クリスマスツリーに憧れがあっても、飾るのもしまっておくのも場所が確保できない。この悩みが、意外にもミランフ洋書店の買い物で解決した。Marta Comín の *Mi arbolito de Navidad* を飾ることにしたのだ。

訳せば「わたしのちっちゃなクリスマスツリー」となるこの絵本は、タイトル通りツリーの形になっていて、ページごとにいろいろなツリーが現れる。文章は、短く単語も易しいながら反復が楽しく、スペイン語初心者でも理解できるし、ことばのリズムが楽しめる。

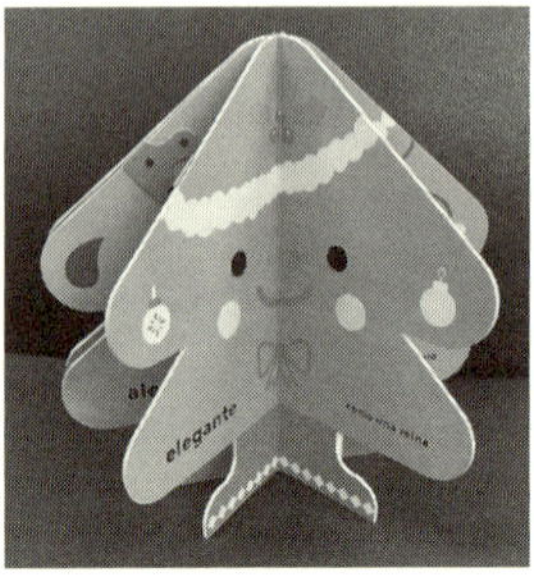

さらに、三六〇度ページを開くことができて自立させられるので、この本をツリー代わりに置くことができる。ミランフ洋書店がそう紹介したのを見てすぐに買い求めた。

ジャンルとしては、赤ちゃん向け絵本ということになるが、このすてきなしかけは年齢問わずときめくはず。こうした本を紹介してくれるミランフ洋書店のＳＮＳなので、チェックが怠れません。

（Ｋ）

四方 実（よも・みのる）
チェルビアット絵本店・二つの扉書店店主。イタリア語講師、通訳・翻訳家。

原書で本を読む楽しみのひとつが、その言語ならではの特性や表現を味わえることだろう。この醍醐味を知って、書店を開いた人がいる。「チェルビアット絵本店」の四方実さんだ。ある絵本に出会って、イタリアの絵本や児童書の奥深い魅力に気づき、それを届けたいと店を開いた。

そのきっかけとなったのが、ジャンニ・ロダーリの書いた童話 *L'Acca in fuga*。タイトルを訳すならば「H（アッカ）ちゃんが逃げちゃった」のようになる。

イタリア語のつづりでは、アルファベットのHは書いても発音されない。この特性を設定に生かしたこのお話、文字が擬人化されていて、アッカちゃんは影が薄いからとほかの文字からいじめられ、ドイツへと去る。「そこでならアッカはとっても大切にしてもらえるってきいたことあるもの」。アッカちゃんが去った後、Hが必要な語が消えてしまって起こるどたばたを描く。

愉快なお話だが、作者のロダーリはただ面白おかしく書いただけではなさそうだ。語り手は最後に、アッカちゃんがまたいなくならないようにみんなで見ていてね、自分は、やはりHが入っている眼鏡 occhiali がなくなってしまうと、大切なものを見落としてしまいそうだから、と締めくくる。

「眼鏡がなくて目の悪い自分というのが、なにか大切なものをふだん見落としてないですか、という含みになっているように感じました」と四方さんは語る。留学先のシエナで先生からロダーリの作品を教えてもらい、「子どもの本にこんな読者への問いかけが込められているのか」と魅力を知った。

ロダーリの作品は、言葉遊びなどイタリア語だからこその表現が凝らされていて、翻訳では魅力が伝えきれないところがある。それならば原書を届けたい。いつかイタリア語の本を扱う本屋さんをやりたい。

四方さんは時間をかけてさまざまな道を通りながらこの思いを実現してきた。

書店で見つけたイタリア語

四方さんがイタリア語を学び始めたのは、ささいなきっかけの積み重ねによる。

高校生のときにサッカーにのめりこみ、大学生になったらヨーロッパに留学したいという夢を膨らませていた。広島県立大学に入学し、ドイツ語を第二外国語として選んだ。

ところがドイツ語は相性がよくなかったのか、四方さんには難しく感じられた。書店で参考書を探しに行くと、ほかの語学のほうにも目が向いた。フランス語、スペイン語の本と見て、そしてイタリア語の参考書を見たとき、学びやすそうだと思えた。

そういえばイタリアには好きなサッカー選手がいる。高校生のとき、サッカーの試合帰りにイタリア料理のチェーン店に寄って食べた、ライスコロッケの味に感動したこともある。たまたま手に取った参考書をきっかけに、イタリア語を勉強してみることにした。

四方さんは、ドイツ語では聞き取りでつまずきを感じていた。その点、イタリア語は発音がとりあえず「カタカナ読みでもいける」と感じられたのが魅力的だったという。英語でもドイツ語でも文法の勉強は好きだったので、イタリア語でも参考書での独学も苦にならなかった。「通じるかどうかは別として、学んだことを使ってなにかしゃべることはできそうという期待がもてた」のは、大きな手ごたえだった。

独学を進めた後には、大学でイタリア語の授業も受講した。さらにインターネット掲示板で、メールで文通をしてくれるイタリア人を探した。自信はないながらもイタリア語でメールを書いて送信し、返事が来れば辞書を引いて読んだ。受験勉強や文法の世界でしか使わなかった語学だが、実際にコミュニケーションをとれる楽しさがわかった。

漠然と希望していた留学だが、イタリアに行きたいと徐々に思いが固まった。しかし大学の留学提携先にはイタリアの大学はなかった。そこで自分で調べて、京都にイタリア留学専門の代理店を見つけたというから、いまにつながる四方さんのフットワークの軽さがうかがえる。

候補として並んだ地名のうちから選んだのがシエナ。奈良出身の四方さんには、ローマやミラノといった有名な都市より、少し小さな街が馴染みそうだと思えたからだという。シエナは確かに大都市ではないが、伝統的な競馬行事「パリオ」の際には、全土から観光客が集まる。小さいながら観光地としては有名という点にも、シンパシーを感じた。

イタリア語漬けを楽しむ

シエナで通ったのは、ダンテ・アリギエーリ協会の語学学校。この協会はイタリア政府の公認団体として、世界中でイタリア語の語学学校を展開し、日本にも支部を構えている。

ロダーリの*L'Acca in fuga*

四方さんのはじめての留学の手ごたえはどうだったろうか。本人は「なまじ文法ができた」と表現する。日本にいるときに文法はしっかり学んできた。そのため最初の筆記試験での成績はよかったが、その基準で割り振られたクラスでは、会話の実力がまったく追いついていなかった。先生の言っていることもクラスメイトの言っていることも聞き取れない。

最初からつまずいてしまったが、そもそも四方さんはイタリア語を学びたくて仕方がない。会話の力を着けるために、イタリア語漬けの生活になる。午前中にイタリア料理について学ぶコース、そして個人レッスンも受講し、午後にグループでのレッスンをさらに受けるというスケジュールを組んだ。

個人レッスンはレベルに合わせた細かい指導を受けることができた。「自分のペースに合わせて先生が話してくれる。自分が話すときに間違っているところがあれば、形容詞を変化させないといけないとか、細かく指摘してくれるんです」。文法の土台はしっかりしていたので、上達も早く、一度レベルを下げたグループレッスンも、二週間ほどでまた元の中級クラスに戻ることができた。

このイタリア語漬けの生活で、大学の夏休みの二か月を過ごした。過密にも思えるが、「好きでやっていたのであっという間でした」と振り返る。

イタリアへの思いを強めた四方さんは、帰国後もその思いを軸に生活を組み立てる。単位を取らなくてはいけない大学の授業が減ったことを機に、実家から近い大阪日伊学院の講座に通うことにした。

卒業論文ではスローフードをテーマに選んだ。スローフード自体にそれほど興味があったわけではないが、所属学科で扱えてイタリアに関係するテーマという発想だった。そしてフィールドワークという口実で、四年生の秋に再びシエナに留学、今度は大学付属の外国人向けの語学コースを履修した。大学のゼミの先生は理解があり、毎月レポートを送ればゼミに出席しなくてもよいと認めてくれ、卒論発表の数日前に帰国するという荒業を成し遂げた。

そして、卒業後はイタリアと取引のある会社に就職し、海外営業の部署に配属された。大学から就職まで、四方さんはまさにイタリアへの思いでまっしぐらに進んできた。しかしこの会社を四方さんは三年で退職し、京都外国語大学の大学院に入学した。かといって修士課程を終えると博士課程には進まず、再び就職、さらに二年ほどで転職した。いずれも最初と同じで、イタリアを含むヨーロッパと輸出入をする仕事だった。

チェルビアット絵本店につながる活動を始めたのが、二社目で働いているときだった。趣味としてブログとSNSでイタリア絵本の紹介をしていたが、やがて輸入販売という副業になり、そして会社員を辞めて独立して現在に至っている。

一本道のキャリアではない。それぞれの時期で、どのような動機が四方さんにはあったのだろうか。

「きれいごと」でなく実現させる

会社の海外営業の仕事では、イタリアに行き、イタリア語も使う。しかし仕事の内容は、お客さんに商品の説明をするという具合だ。四方さんにはそれが「やっていること自体は日本にいるときと変わらない。ただイタリアにいるだけ」だと感じた。

もっとイタリアの文化に直接触れたいと、大学院に入り、フィレンツェ大学への留学も果たした。そこで得たものは大きかったが、研究の道へ進む自信はもてず、また就職した。同じような仕事に戻ったわけだが、仕事に対する考え方は一社目での経験を踏まえて少し変わっていた。

イタリアには世界的な自動車メーカーやファッションブランドがあり、大きな産業になっている。四方さんの勤めた会社もそれに関連した分野で取引をする。しかし、四方さん自身は、イタリアのものとはいえ、車もファッションもそのものには興味がない。商品の知識を仕入れてお客さんに紹介するが、自分自身の強い思い入れはもてない。

「仕事でイタリアに行ったり、イタリア語を使ったりという点はもちろん充実しています。それでも会社ではどうしても満たされない部分がある。それだと最初に就職したときと同じようなことになっちゃうなという気持ちはありました」

イタリアの、自分がほんとうに好きだと思えるものを届けたい。その気持ちは会社の仕事とはちがうところで昇華しようと考えた。

そこで始めたのが、自分が気に入ったイタリアの絵本をＦａｃｅｂｏｏｋで紹介することだった。

その当時は著作権をきちんと把握しておらず、あらすじに加えて、本の文章を日本語に訳して掲載する場合があった。もちろん、後に知人から指摘を受けてからは止めている。

不適切な方法ではあったが、作家名や出版社名のタグをつけて投稿したことで、作家本人や出版社側が四方さんの投稿に目を留めて、なかには好意的な反応を返してくれる場合もあった。そうしたことを続けていくうち、イタリアの出版関係者とつながりができてきた。

絵本の紹介を見てくれる人も増えてきた。では、その人たちに向けてイタリアから本を取り寄せて販売することができないだろうか。輸入に関する手続きなど、必要なノウハウはすでに本業で培った知識がある。

「物語を通じて、イタリアの文化を日本の人に届けるということが、会社員とは別の仕事としてできるんじゃないか」

こうしてネットショップを副業で始めることにした。店の名前は「チェルビアット絵本店」。チェルビアットはイタリア語で小鹿の意味で、地元である奈良のシンボルを反映した。

書店の売り上げは少しずつ伸びていき、まだそれだけで生活をまかなえるほどではなかったが、趣味の範囲を超える程度にはなった。一方で、本業のほうでは悩みを抱えるようになった。子どもとの時間の過ごし方だ。

四方さんの妻は同じ業界で働いているので、お互いに海外出張が入る。出張の際は自分の親に子どもの世話を頼んでしのいできた。しかし子どもにとってそのストレスは次第に大きくなっていった。四方さん自身にも、親に頼ることを前提に仕事をするのは、自立していると言えるだろうかという思いがあった。

仕事と子育てのバランスを考え、四方さんが会社を辞め、副業だった書店の仕事に軸足を置くという結論に達したのだ。

キャリアを諦めたように見えてしまうかもしれないが、決してそうではない。自分が自信をもって好きと言えるものを仕事にしたいという思いを四方さんはずっと抱えてきた。「それをきれいごとじゃなく、実際にしてみたい。せっかく独立するなら好きなものを売りたい」と決めた結果なのだ。趣味としての本の紹介、副業を経て、実現させたお店だ。

ミランフ洋書店をモデルに

チェルビアット絵本店はその名前の通り、絵本、子ども向けの本をラインナップの柱としている。これには冒頭に触れたように、イタリアを代表する児童文学作家のジャンニ・ロダーリの作品に出会い、目を開かれたという原点がある。

このときに四方さんが出会ったロダーリの作品をもうひとつ紹介しよう。

イタリア語では動詞を過去形にするときに二種類の助動詞、essere と avere を使う。それをタイトルにした *Essere e avere* では南部出身のふたり組が登場する。ふたりは助動詞の使い分けが正しくできない。ある教授がその間違いを正そうとするのに対して彼らは、働くために小学生の途中までしか教育を受けていない、それで助動詞を間違えることが「そんなに悪いことでしょうか？」と問う。

言葉の間違いを正すこと、社会の構造を正すこと、果たしてどちらが真に正しいことなのか、教授は考え込んでしまう。

クスっと笑える物語の中で同時に社会問題を提起する内容に、四方さんは衝撃を受けた。子ども向けの本だからといって幼稚なわけではない。優れた絵本や児童書のもつ魅力をもっと多くの人に届けたいと考えてきた。

このポリシーをもって店を運営したいと考えた四方さんにとって、ロールモデルとなった存在があった。スペイン語翻訳者の宇野和美さんが運営するミランフ洋書店だ。ひとつの外国語を専門に、絵本や児童書を中心にするというラインナップの共通点があるというだけではない。四方さんが宇野さんに最も感化されたのは、取り扱う本を紹介する姿勢だ。

ミランフ洋書店では宇野さん自身が吟味した本を並べ、内容もしっかり紹介し、読者の手引きになるように語学レベルも示してある。

「宇野さん自身が翻訳者で、片手間でやっているんじゃなくて、スペイン語圏の本のことを本気で伝えようとしているんだな、というのが伝わってくるんです」

イタリア語の絵本を専門で扱う先例はない。しかし丁寧にお店のウェブサイトを作れば、魅力は伝わるのではないか。こうして四方さんのスタイルが決まった。

自身の体験から広がったラインナップ

最初のころは、物語性の高いものに四方さん自身が惹かれていたということがあって、小学校中学年以上を主な対象とした、文章量のある絵本か児童書を多く取り扱っていた。テイストとしてはファンタジー色の強いものになる。いまでもこれが多くはあるが、最近はもっと低い年齢向けのもの、赤ちゃん絵本も積極的に扱っている。

赤ちゃん向けの絵本を最初は「どう読んで楽しめばよいか、正直わからなかった」のだが、自分の子どもと触れ合ううちに思いが変わってきた。

たとえば、同じ文章が繰り返される絵本を読み聞かせていると、同じ音の繰り返しを楽しんでいる。ページごとに動物と出会うようなお話だったら、ただ動物が増えるだけと見るのではなく、次はどの動物が出てくるのだろうとわくわくしている。シンプルな物語のなかに、家族の愛情などが描かれている作品もあることにも気づいた。こうして積極的に取り扱いを増やしていった。

積極的にイベントに出店する

選書するうえで、ほかに四方さんが注目する要素が、作品にイタリアの文化が表れているかどうかだ。せっかくイタリアの本なのだから、その文化を感じてもらいたい。わかりやすい例を挙げると、クリスマスを舞台にしたお話で、イタリアならではのクリスマスの風習が描かれているか。あるいは、お菓子を食べる場面で、イタリアならではのチョコレート菓子が出てくるといった、ささいなものでもいい。

同じような意図で、日本語訳の出ている作品も積極的に扱う。それも原書と日本語版との両方をできるだけ取り揃える。特にイベントなどで出店する際には並べて展示するようにしている。

「実は絵本でも小説でも、イタリアの作品の日本語訳はけっこう出ています。でもふつう、読者は、元が何語なのかは意識しないですよね。原書と翻訳を一緒に見せれば、少しでもイタリアの本だと意識してもらえるかなと」

イタリア語がわかる読者ばかりではないから、実際には日本語訳を読んでもらえればいいが、原書がどこのものか意識するきっかけになればうれしい。

イタリアの文化や、イタリアらしい作風というのは、必ずしも表に見えるものではないかもしれない。しかし、イタリアの作品だと知ったうえで読むと、言語化できない部分でなにか感じるものがあるかもしれない。そんな期待をもっている。

作り手の目線で紹介する

ショップ上の商品紹介では、基本的に四方さん自身が感じた魅力を、最初にコメントとして入れている。加えて、出版社による紹介文を掲載するのだが、その際に日本語訳だけでなく、元のイタリア語も併記するようにしているのも、こだわっている点だ。やはりイタリアの本だと意識してもらいたいからだ。また、商品を発送する際には、その本の作家の紹介文をイタリア語と日本語で添えている。

日本語訳が出ている本の場合は、原出版社の紹介文の日本語訳と、日本語版の出版社での紹介文との両方を掲載するように努めている。もともとの作り手であるイタリアの作家や出版社が、どんな考えでその本を作ったかを尊重して示したいからだ。もちろんイタリア語から翻訳するには手間もかかるが、このスタイルが四方さんにとって重要だ。

「正直に言えば、同じ本をＡｍａｚｏｎでも買える。それをチェルビアットのページをわざわざ見に来てくれるのだから、紹介した文章を読んで面白そう、ここで買おうと思ってもらえるようにならないといけません」

作品の魅力をより伝えるために、四方さんが近年力を入れている取り組みがある。それは作り手の目線から作品を紹介するイベントだ。作家やイラストレーター、翻訳者、出版社の編集者や営業担当の方、翻訳エージェントの方などを招き、翻訳出版の経緯や翻訳の工夫、作家自身や出版社側からの作品の魅力などを話してもらっている。

四方さん自身が、イタリア語講師や翻訳の仕事をするなかで、ことばを生み出す魅力と労力を強く感じるようになり、それを知ってもらいたいとの思いから、イベントを企画するようになった。

短い紹介文だけではわからない魅力を知れば、作品への期待は高まるし、作り手の苦労や工夫を知れば、読む楽しみは深まる。イベントの出演依頼は日本の出版関係者だけでなく、イタリア側の人にも積極的に行っている。

四方さんが紹介するからこそ、本を知ることができるし、イベントがあるからこそ、読んでみたいと思える。四方さんが提供するのはものとしての商品だけではなく、そういう楽しみなのだろう。

立ち読み歓迎のお店

チェルビアット絵本店の販売はオンラインショップをメインにしているが、以前には、ほかの四つの書店と一緒に場所を借りた共同店舗のかたちをとったこともあった。手ごたえはよかったのだが、いまは閉店となってしまった。

いまは倉庫兼事務所のスペースを整えて、月に数日、日時を限定した予約制で店舗を開いている。

実店舗のメリットはもちろん、実際に本を手に取れることだ。四方さんは、このメリットをいわば最大限に享受できるお店作りがしたいと考えた。

原書を読みたいと思っても触れる機会はどうしても少ない。知らない作家やはじめて見る本をいきなり購入するのはどうしてもハードルが高い。なのでお客さんにはじっくり本を選んでもらいたい。

「店には机と椅子を置いています。来てくれたお客さんには、ここでじっくり店の本を読んでください、としています。読んで買ってくれればうれしいし、買わなくてもけっこうです」

あわせて、四方さんが買ったイタリア菓子をお茶菓子としてお客さんに提供している。小さな店だが、本と併せて、イタリアの世界観を楽しんでもらえるような空間にしたい。

月に数日、日時を限定して実店舗も営業している

ちなみに、本を買ってくれた人に商品を送る際には、それにイタリアのメッセージカードを付け、イタリアの新聞紙で梱包している。現地から本が届いたかのような雰囲気がうれしいおまけだ。

さまざまな入口をつくる

メインのターゲットはやはりイタリア語の学習者だ。しかし原書を扱うだけでは、イタリア語がわからない人にはいつまでたっても、作品の魅力を届ける機会がない。

イタリア語は読めないが、外国文学が好きという人はいる。日本語に翻訳されたものも扱うことで入口を広げようと図っている。ただし、看板が絵本店なのに一般向けの文芸書も扱うとわかりづらくなる。一般向けの本はレーベルを分けて「二つの扉書店」というもうひとつのオンラインショップでメインに取り扱うようにしている。

オンラインショップでは絵本のほうが売れるが、イベントに出店した際には、イベントの性格によっては文芸書のほうが売れることもある。外国文学好きの読者が反応してくれるのだ。また、絵本好きな人のなかには、偶然お店のことを知ってくれたが、イタリア語はわからない、という場合もある。そうした場合に、出版社の許可を得られたものについては、本を買ってくれた場合には、四方さん自身による翻訳を渡すようにしている。

「出版社の編集者のチェックの入っていない試訳」だと謙遜する。しかし、翻訳の腕の確かさは、商品ページの紹介文の翻訳を見ればわかる。なにせ四方さんはフィレンツェ大学に留学して児童文学を研究材料にし、数々の作品を吟味してきたのだ。

これらは、お店を知ってくれた人に対しての工夫といえるが、四方さんの伝道活動は書店の範囲に留まらない。いくつかのイタリア料理店で、ディスプレイする本の選書にかかわった。絵本に囲まれながら過ごせる奈良の宿泊施設「絵本ホテル」には、協働運営者として携わっている。あるいは絵本関係のイベントで積極的にイタリアの絵本や書店の仕事について話す機会も増えている。イタリアへの興味の入口をさまざまに設けようと、アウトリーチに余念がない。

イタリアの絵本作家が講演で来日した際には通訳としても活躍

さらに、専門学校などで非常勤講師としてイタリア語を教えている。しかも担当する講座のひとつは絵本を教材にしてイタリア語を学ぶ内容だ。

「イタリア語を学ぶ人に、ダイレクトに絵本の魅力を伝えられる、まさにピンポイントでやりたかった仕事ができている。幸せです」

もちろん、ロダーリの作品も授業で取り上げる。

お店の運営としては本の売上が増えるのが直接的にはありがたい。だが、この仕事をする根本は、イタリアの文化を日本に届けたいからだ。イタリアは好きだけど、本は読んだことがない人もいれば、本が好きだけどイタリアは詳しくないという人もいる。それぞれの人に対して、興味を広げるきっかけが作れるといい。そうすることで「すそ野を広げられるのがいちばんかなと思います」。

ひとつのプロフェッショナルに専念することを大切にする人もいる。逆に四方さんの場合は、書店を軸にしてさまざまな活動をしたい。それがいろいろな人にとって、イタリアにつながる扉となることを願っている。

バランスをとりつつ、広げたい活動の枠

さまざまな活動をすることは四方さんの本意ではあるのだが、それぞれにどれだけ力を割くべきか、バランスをとることが課題にもなっている。ここでいうバランスとは、仕事ごとに異なる収入面でのこともあるし、仕事とプライベート、特に家事育児とのバランスの面でのこともある。

イタリア語講師の仕事は、授業一コマあたりでいくらという給与が決まっており、時間単価

という意味で計りやすい。通訳や翻訳の仕事も同様だ。

一方で、書店は本が売れなければお金にはならない。もちろん、オンラインショップに商品を掲載しておけば自動的に売れていくという考え方もできるが、そう思えるほどのペースではまだ売れていない。

注文を増やすためには、商品点数を増やすべきだが、ひとつひとつの商品の写真を撮り、紹介文を用意してオンラインショップにアップし、続けてＳＮＳでも投稿する。シンプルではあるが手間がかかり、かけた時間に売上が比例するとは限らない。

注文が入れば、その分だけ発送などの作業も増える。発送準備などは夜に家でもできるので、本来家族で過ごすべき時間に作業をしてしまうこともある。家族との時間を大切にするために会社員を辞めたのに、これでは本末転倒になってしまう。

「業務量には限界がある。自分が動いた分しかお金にならない仕事だと限界があるんだなと、当たり前のことですが、やってみて初めて気づきました」と、率直な実感を明かしてくれた。

大変ではあるが、それぞれの活動から新しい仕事が生まれることもある。

たとえば、日伊協会での講師の仕事は、押場靖志さんの紹介があったからだが、それも四方さんが、絵本の翻訳者に話を聞く、という企画で押場さんに依頼をしたことが縁だった。こうして「枠が広がっていくことが楽しさ」だ。

今年の秋には、久しぶりにイタリアへの出張が決まっている。現地の出版社の人と協力して、日本の絵本の魅力について講演するという。加えて母校フィレンツェ大学で日本語を学ぶ学生に向けて、日本の絵本をそのイタリア語版と読み比べつつ味わう、という講座も組んでいる。

これまでの日本でイタリアの本の魅力を届けるのとは逆のベクトルだが、「日本の魅力をイタリアの人に届けることにも、もう少し力を入れていきたいですね」と意気込んでいる。四方さんにはまだまだやりたいことがあるようだ。四方さんが次はどんな扉を用意していくのか、楽しみだ。

おすすめの本

イタリア語学習者におすすめの本

・さわのめぐみ作、中村まふね絵『種をあつめる少年』（ニジノ絵本屋、二〇二二年）
各ページの本文が日本語とイタリア語の対訳になっており、比較的読み易い文体で書かれている。初級者から中級者までイタリア語学習におすすめ。物語で使われることの多い遠過去は初級文法ではないが、物語を通読することで言葉の感覚を養える。フォカッチャなどイタリアの食べ物のほか、フィレンツェの市内を思わせる夜景が出てくること、ギリシャ神話の牧畜の神パンが主人公のモデルになっていることからも、イタリアの文化を感じられる。語学学習の上で切り離せない言葉と文化を併せて味わえる。

いま一押しの本

・Gianni Rodari, *Il libro degli errori*（Einaudi Ragazz）

四方さんがイタリア語とイタリア絵本に浸かるきっかけになったジャンニ・ロダーリの*L'Acca in fuga*は、以前は一冊の絵本にもなっていたが、現在は絶版。このお話を収めたのがこの短編集で、*Essere e Avere*も収録している。ほかにも楽しいお話が収録されている。

書店を開きたいと思っている人におすすめの本

・青木海青子『不完全な司書』（晶文社、二〇二三年）

自宅の古民家ではじめた、奈良県東吉野村に佇む私設図書館「ルチャ・リブロ」の司書が綴るエッセイ。本棚を開放する図書館の本質的な効用と、本の持つ力が司書の仕事と想いを通じて伝わってくる。本の担い手という意味では図書館と司書という括りだけではなく、書店と書店員という枠組みにも非常に参考になる。

内山 深（うちやま・しん）
中国、アジアの専門書店、内山書店の代表取締役。

本の街、東京の神保町で半世紀以上、中国専門書店の看板を掲げているのが内山書店だ。

この地に社屋を移築したのが一九六八年だが、そのルーツはさらにさかのぼることができる。一九一七年、上海で内山完造とその妻美喜が、自宅の玄関先で聖書などキリスト教関係の書籍を販売したことから始まり次第に事業を拡大、一九三五年には、完造の弟である嘉吉《かきつ》が、東京内山書店として世田谷区に新店舗を開業。

日本の敗戦とともに上海の店舗は閉鎖されるが、東京店がいまの内山書店につながっている。

上海時代には店は日中の文化人が集まるサロンの役割を果たしていた。最も知られたエピソードとしては、店主の完造は魯迅と深い親交を結び、彼を庇護もしていたことだろう。当時の日中友好の精神をいまに象徴的に伝えるのが、現在の店舗でも掲げられている店名の看板だ。この「内山書店」の文字は、日本に留学した文学者で歴史家の郭沫若の揮毫による。

百年以上の歴史を誇り、日中友好の架け橋となるという使命をもつ。まさに伝統と由緒のある書店といえる。一方で、その存在感に懐疑的な人がいる。それこそ内山深さん、現在の内山書店の社長本人である。二〇一八年に四代目として会社を継いだ。「内山書店は歴史があって、中国のことを勉強している人ならだれでも知っているよね、というのは狭い範囲のこと」と自覚をもっている。

祖父、父に続き会社を継いだ、いうなれば最も内側の人間である内山さんが、このような考えをもつに至った理由は何だろうか。

中国で喧嘩をするために中国語を

内山さんの父は先代の社長、籬《まがき》氏で、祖父は東京の内山書店を興した嘉吉である。内山さんが幼い頃に、父が社長に就いた。とはいえ、中国との出会いには、最初から家族の影響があったというわけではなかった。まず幼い頃は父がどんな仕事をしているのか知らなかった。小学校中学年にもなると、どうやら中国関係の本屋をやっているらしいと理解はしていた。

中国を直接体験したのは中学二年生のときだった。親戚一同、父親のきょうだい家族みんなで中国に旅行をしたのだ。

一九八〇年代の当時、中国はまだまだ発展途上にあったので、内山さんは「基本的な感想としては、『汚い』という印象をもった。お腹も壊してしまった。有名どころの観光地を回ったのでそれは楽しかったが、あまりいい国とは思えなかった。

高校生のときには、父が社長をしているということはもちろん理解できていた。内山さんには双子の兄がいる。父からふたりに対して直接に継いでほしいと言われることはなく、聞かれるとしても将来どうするかという程度に過ぎず、兄ともどうするかを話し合うこともなかった。

やがて大学受験を迎えると、内山さんもお兄さんも浪人をするのだが、もう一年浪人をすることになった内山さんより一足先に、お兄さんは英文科への進学を決めてしまった。

ということは、どうやら兄には家業を継ぐつもりはないらしいと見て取った内山さんは「なんとなく自分が継ぐのかな」と考えるようになった。大学に入ってから中国語を勉強しよう、ということで、社会学部に進み、第一外国語として中国語を履修した。

家族旅行以来、中国には特によい印象も関心もなかったが、大学生のときにも旅行し、これが勉強に本腰を入れようというきっかけになった。とはいえ、旅行を決めたのは内山さん自身ではなく、一緒に中国語を履修している友達ふたりで、それに誘われて乗ったかたちだったという。

最初の旅行とちがい、ツアーコンダクターや通訳もいない、自分たち三人だけでの旅行は得ることが多かった。最も大きかったのはぼったくりに遭ったことだという。

「まずタクシーですよね。メーターなんてないので、最初に乗ったときに何百元と言われて、黙って支払っちゃう」

高いなとは思ってはいたが、二回目に乗ったタクシーではもう少し安く済んだので、これは最初はぼられたかな、と気づいた。

現地に留学していた知り合いと会ったときにこの話をして「一回目はぼられたと思う」と言うと、「いや、それは二回目もぼられているから」。本当はもっと安いのであって、一回目と二回目は騙された程度のちがいでしかなかったのだ。

あるいは街で入った小籠包店でのこと。

ひとつのセイロに小籠包が十個入って十元とあるので、これは安いと、三人それぞれが一セイロを注文した。いざ精算となると、店の奥からこれまで接客していたのとは別の人が出てきて、一人百元だと告げてきた。小籠包ひとつが十元であり、セイロでは百元になるというのだ。「一セイロで十元と書いてあると、日本語では言いましたよ。でも中国語ではやっぱり言い返せないので。泣く泣くみんな払いましたね」

最初の旅行といい、これで中国を嫌いになってもおかしくはなさそうだが、内山さんは嫌だとは思わなかったという。むしろ、コミュニケーションが大事なのだ、こういうときに言い返すために中国語を勉強しなくてはいけないと意識が改まった。「ある種、中国人と喧嘩するために中国語を勉強するという、そういうノリでした」。

生きた中国語に触れる

四年生になる頃には、飯田橋にある日中学院の夜間のクラスに通い始めた。その頃までには会社を継ぐ考えは決まっていた。そして大学卒業後、まだ中国語の勉強が必要と考え、北京大学の語学コースに留学した。

日本で学んでいる間、勉強そのものは淡々としたもので、「大きな挫折はなかったが、特に面白味を感じたわけでもなかった」と振り返る。それが留学したことで「これはやっぱり難しいな」と変わった。

教科書で習った言いたいこと、言うべきことを話してみる。それに対してことばは返ってくるが、それは教科書どおりではなく、言っていることが半分もわからないのだ。その原因はというと「やっぱり語彙力が違いました。日本で勉強する単語の量では足りなかったんですね」。何気ない、身の回りにあるものの単語は、意外と教科書では出てこない。自己紹介や切符の買い方は中国語でわかるのに、ごみを捨てる、アイロンをかけるというような、日々の暮らしに密着した表現がわからない。

たとえば初めて食堂に行った内山さんは、注文の仕方がわからずカウンターで尋ねた。「食券を買ってきて」と言われるが、そもそも日本で食券を買う機会がなかったので、食券という単語自体を初めて聞いた。

「やっぱり生活してみて初めて知る言葉が多かったんです」

発音がよくなかったというのも現地で気づいたことだ。当時、煙草を吸っていたので売店にライターを買い求めに行った。ところが店の人に通じない。実物を見せてこれがほしい、と伝えてようやく「ああ、ライターね」とわかってもらえた。発音が悪かったのだと思い知らされた。

「学校ではわかったつもりになっていたけど、現地に行くとこちらの言うことも伝わらないし、向こうの言うこともわからないし、というのは本当に身に染みて感じましたね」

日本の教室では、生徒が頑張って話したら、多少は不十分でも先生は汲み取って理解してくれた。現地で生活する人たち相手ではそうはいかない。言いたいことにあわせて適切な単語を選び、発音もはっきりさせないといけない。

会話が通じる、理解できるなと手ごたえを感じられたのは、留学して三か月ほど経ってからだった。留学生寮での生活も、日本語をなるべく使わず、中国語でコミュニケーションするためにはよい環境だった。いくつかある寮の棟のうち、内山さんが選んだのは安くて二人部屋の三号楼。最初のルームメイトはアルメニア人、次はカメルーン人。隣の部屋は韓国人、その隣はボリビア人。世界中から学生が集まっており、みんな勉強中の中国語でしゃべって意思疎通をしていた。

寮の仲間たちとは、勉強だけでなく一緒に料理するなどの時間も過ごした。寮の近くの市場に行き、生きている鶏を買う。すると店の人が、ぐつぐつ煮えたお湯が張ってあるドラム缶に、その鶏の脚をつかんで生きたま

店内には上海時代の写真が飾られている

ま突っ込む。すると、羽根が抜けやすくなる。それを持って帰り、寮の共同調理場で首を落として、料理する。

なかなか強烈なエピソードだが、「あの時は結局鍋にしたんだっけ?」と内山さんはにこやかに語る。楽しい思い出になっていることが伝わってくる。日本で座学だけで学ぶのとは、体験も含めて違う手ごたえがあるのだろう。

楽しい留学生活ではあったが、前回、前々回の滞在と同じようにやはり、中国の嫌な部分も味わった。

留学してすぐの頃、内山さんは自転車を買った。店の人に鍵を二つ付けたほうがいいと助言され、その通りにした。しかし、一週間もしないうちにもう盗まれてしまった。続けて二台目を買ったのだが、それも一か月はもたなかった。三台目は、買わないことにした。

店の根幹、仕入れ

父の後を継ぐことを考えるとあまり時間はかけないほうがいいと考え、内山さんは留学を一年半ほどで終えて帰国、すぐに内山書店に入社した。

最初は外商部門に配属された。書店といえば、店舗を構えてそこに来るお客さんに本を売るイメージがあるが、内山書店の場合は店での小売りのほかに、研究者や専門家向けの販売事業も柱になっている。外商は、全国の大学の先生方を訪問し、中国から仕入れた書籍を実物を見せながらおすすめし注文をとるのが仕事だ。

中国側の貿易会社から月に一、二回、新刊案内が届く。そこからどの本がよさそうかを選んで仕入れる。入荷されたら、内容をある程度説明できるように目を通し、現物をもって先生方のところへ行く。

はじめは内山さんも先輩社員にノウハウを教わった。もちろん注文がとれないこともあるが、一年ほどすると慣れて、先生ごとの専門にあわせて、どの本をおすすめすべきかわかってきた。外商部門を三年ほど担当した後、新聞・雑誌の定期購読受付の部門に移った。これも専門家向けの事業だ。

そして店舗運営に配属され、あわせて書籍の仕入れも担当するようになった。内山書店では国内の書籍と中国からの輸入と両方の仕入れを行っており、内山さんが担当したのは国内の方で、もうひとりの担当者とふたり体制だった。

日本の書店では、仕入れる書目や量を取次会社に任せることが一般的だ。仕入れをある程度自動化できるというメリットがあるためだ。しかし、内山書店の場合は一点一点を指定して仕入れている。店に置く本はすべて選ばなければならない。仕入れは店の根幹を成すといえる。

「最初はやっぱり何を仕入れたらいいかよくわからなくて、中国に関するものならわりとなんでも入れていました」というように手探りの状態だった。やがて少しずつ、どの本を並べたときに売れるのか、売れないのかがわかってくると、「この本はうちで置いてもあまり意味がないかな」という感覚がもてるようになった。仕入れのきっちりした方針などがあるわけではなく、内山さん自身が経験を積み、自分の中に選定の基準をつくっていく必要があったということだ。

その具体的な基準を尋ねると「やっぱり自分が見て面白いかなと思うものは手厚く入れる」という答えで、まず内容ありきとなっている。

たとえばごく単純な発想をすると、中国に対してネガティブな本は扱わないかというと、そんなことはない。内山さんが内容を見て、フィールドワークや論理など、裏打ちがあり面白いと感じたものは、中国を批判する本でも仕入れる。逆に内容が薄いと感じれば、内山書店に来るお客さんには必要はないと判断する。

あるいは専門的な本でも、外商を担当していた経験から研究者向けにと狙いをつけて仕入れている。そして、内山さんが詳しくないジャンルについては、ほかのスタッフに相談もする。

お客さんの高い関心に応えられるかを考えているのであり、「自分が見て面白いもの」ということばは、本へのアンテナを内山さん自身がしっかり持つようにしていることの現れなのだと感じる。

店の前提を変える

二〇一二年、内山さんは店長として店の責任者になった。そして二〇一八年に社長に就任。

店の運営だけでなく、会社全体の舵を取ることになった。

社長就任の前年には創業百年を迎え、内山書店の存在は確たるものとも思えるが、内山さん自身は難しさを感じていた。内山書店は、自分たちが思っているほどには多くの人には知られていないのだ、という気持ちがあったのだ。

日中友好に多大な貢献をした大叔父の完造に、祖父、父と継がれてきた百年の歴史に、社内の人間としては誇りと安心をもってしまう。だがそれであぐらをかいていてはいけない。中国語を学んでいても内山書店という名前どころか、神保町に中国専門の書店があることを知らない人すらいる。内山さんは父があまりやってこなかった、外へのアピールに力を入れることにした。

手始めに自身も学んだ日中学院をはじめ、中国語の専門学校を訪ね会社案内などチラシを置かせてもらった。近所のほかの書店にも挨拶に回った。つながりをつくり、自分自身の見聞を広めようという意図があった。

この気づきを得られたのは、二〇一〇年に内山さんが結婚したことがきっかけになっている。結婚相手は、本はよく買うが、大型書店の丸善や八重洲ブックセンターぐらいしか知らない。もちろん中国との関係もないという人。内山書店から最も遠い存在である彼女に、「この看板がまず読めないよね」と言われてしまった。そう、郭沫若が揮毫したあの看板だ。確かに行書体の文字は読みづらい。内山書店を知る人にとっては、まさに店の象徴と見える看板だが、それが、知らない人にとっては権威どころか、何の文字かすらわからない。

「あと、書店といってもリアルな本屋なのか出版社なのかもわからないとも。それを聞いて、そうか、そこから始めないといけないなと」

内山さん自身もアピール不足を痛感したことがある。数年前にある集まりに参加したときのこと。中国に留学したことがあるという人と話すと「東方書店にはよく行きますと。なのでその近くにうちの店もあるんですよと言うと、知らなかったと言われてしまって」と苦笑いする。

中国に関心のある人にも知られていないというのが事実のようだ。そこの人たちには必ず知ってもらわなければならない。そのうえで、さらに内山さんの目線はもう一歩先を向いている。

「中国専門とか関係なく、日本の一般社会を見たときに本を買う人より買わない人の方がずっと多いわけですね。いまの書店業界は、この本を買う少ない層を取り合っている状態です」

内山さんが入社した九〇年代末、書店業界の状況はまだよかったが、二〇〇七年頃から売上が目に見えて下がっていくのを感じてきたという。難しい状況の中で店を守り、社員の生活を守らなくてはならず、それはどの書店も同じだ。

だからこそ著者のトークイベントを行ったり、書店が集まってブックフェスを催したりという取り組みがあるのだが、これに対しても内山さんは「自画自賛でやっているけど、本好きの人しか見てない」。書店が生き残っていくためには根本を変える必要がある。つまり「本を買わない人を連れてこないともうジリ貧だなとわかった」という危機感を抱いてきた。

このモチベーションは内山さんひとりがもてばいいのではなく、ほかの社員にも共有してもらわないといけない。朝礼の場をはじめ、率直にこの気持ちを伝えるようにした。とはいっても、なかなかすぐには変わらない。内山書店以外では働いたことのないスタッフも多く、具体的にどんなことが必要なのかイメージができない。内山さんはお客さんの目線に立ち、日々の細かな業務から変えていった。

たとえば「客注は逃げない」という意識。在庫のない輸入書の注文がお客さんから入り、中国に取り寄せの注文をかける。店としては入荷には一か月ほど時間はかかるが確実に売れる、と考えている。ところが、入荷の連絡をお客さんにしたらもういらなくなった、と言われることも出てきた。客注の場合は何らかの方法で早く入荷してお客さんに届けなければいけない、と意識を変えた。

あるいは、電話で本の問い合わせがくる。調べてみると「版元品切」の状態である。版元とは本をつくっている出版社のことで、品切なら出版社つまりメーカー側にも在庫がないということになる。書店員はもちろん版元品切の意味は理解できるが、それをそのままお客さんに言って伝わるだろうか。版元品切が一般的な用語ではないと自覚し、お客さんに正確に意味が伝わるように、改めて考えましょうと社内で伝え、ごく平易に「出版社で在庫がなくなってしまって取り寄せできません」という言い方をしようとなった。

こうした細かい業務の積み重ねをみんなで共有してきた。

間口を広げる

新しいお客さんを開拓しようと、積極的に外とのつながりを求めた内山さんだが、その中でよく「敷居が高い」と言われた。伝統があるがゆえの印象だ。店の根幹でもあるが、そのままでは店に入りづらい。

そこで内山さんが考えるのが「敷居は低くするつもりはないけれど、間口は広げられるかな」という発想だ。敷居と間口はどう違うのだろうか。お店でのラインナップ、陳列の面から考えてみる。

内山書店は、二〇一〇年に中国以外のアジアの専門書店「アジア文庫」を吸収合併した。現在、二階が中国以外のアジア関連書籍の売り場になっている。本のなかでも、中国に関するものだけという枠を広げたかたちで、ほかのアジアの国・地域に関心のあるお客さんも呼んでみたいという気持ちからだ。

二階で開催されていた「旅行記フェア」

一階のレジ横では、常にミニフェアが展開されている。テーマを決めて一か月半ほど並べる。

テーマ案は一年のはじめにスタッフみんなでアイデアを出す。フェアに合わせて仕入れをするというより、在庫のある本を中心にして「ジャンルを超えてこの本とこの本を並べられないかなと、目線を変えて商品を見せる」ことでお客さんに新しさを感じてもらおうという狙いだ。六年ほど続けている取り組みで、手法は定着してきた。

印象的だったのが、スタッフが自分のおすすめ本を、各自でポップを書いて見せるという企画。少し古い本でも売れたものがあり、手ごたえを感じられたそうだ。お客さんにとっても、こんな本があったかという発見はうれしいだろう。

もうひとつの取り組みとして、雑貨を取り扱うことが挙げられる。雑貨を扱う書店は増えており、定番はブックカバーなど本に関連するものや文具だ。しかし、内山書店のラインナップには東南アジアから輸入した雑貨が多く並ぶのが目立つ。アジア関連の書籍を扱うようになったことも関連しているが、ミャンマーやラオスといった国のコースターやバッグなどの民芸品を仕入れている。他ではあまり見かけないラインナップが光る。

店の前面にはショーウインドーがふたつあり、そのうちのひとつで雑貨を展示している。「雑貨を見せておくと、中国とか本に興味のない人でもお店に入ってきてくれることがあるんです」。

本以外のものも、という方針は大胆とも思える企画で成功したこともあった。アジアのインスタントラーメンフェアだ。

書店でインスタントラーメンを扱うことがまず珍しい。日本のメーカーがアジアの麺料理を日本市場向けにして発売しているものはあるが、このフェアではそうした商品ではなく、現地で売っているものを輸入会社から取り寄せてもらったというから、かなりマニアックなターゲティングだ。結果は好評、話題性から本を買わないような人もラーメンを買いに来てくれた。「このときはみんなで力を入れて。試食をして、このラーメンはこういう味だねとチャートを作ったりして」という内山さんの笑顔から、みんなが自主性、積極性をもって取り組んだことが伝わってきた。

いままでと同じような本を仕入れて置いているだけではお客さんは来てくれないということが、社員たちにも理解してもらえてきた結果だろう。社員からは日常の会話のなかでアイデアの相談や提案が出てくるようになった。

多様なお客さんが店に来る。それは確かに間口が広がったと言える。

店の歴史を押し付けない

本業といってはおかしいが、中国関連の本でも内山書店のラインナップは近年変化が見られる。もともと強いのは文学と語学ジャンルだった。そこに若い世代が好むテーマやジャンルが加わるようになった。

まず文学だと、魯迅の本だけで棚をひとつ割いているように、いわゆる古典的な純文学作品が従来は多かった。それがカジュアルな小説や現代の人気作家の作品を取り扱うようになった。SFやミステリーなどのいわゆるジャンル小説も人気が高まっている。ただし、作品の情報は内山書店でも十分に把握しきれてはおらず、「うちも逆にお客さんから教えていただいている」のだそうだ。

特に多いのはドラマの原作情報。ドラマから原作の小説、さらに中国の文化に興味をもつ人が増えているという。

もうひとつ売上の比率を大きく押し上げているのがコミックとアニメ関連書籍だ。中国のコミックやアニメの質が上がってきており、内山さんも力を入れたいと考えている。日本のコミックの中国語版も人気が高い。

BLと呼ばれる男性同士の恋愛を題材にしたジャンルも注目株だ。ではこれら成長中のジャンルの本ならなんでも売れるかといえば、もちろんそんなことはないので見極めが必要だ。若い世代の社員にSNSをチェックしてもらい、いま人気がありそうなものを相談している。

内山さんは自身もいまも店頭に立ち、こうしたお客さんの関心に応えている。そこで感じるのが、「日中友好とともに」という内山書店の歴史を押し付けても仕方がないということだ。たまたま興味をもったドラマやマンガが中国のものだった。そういう人にそこを強くアピールしても響かないのではないか。大上段に構えるのではなく、なんとなく興味をもった人にとって新しい中国との出会いがある、そういう場を作りたい。

「日本の人に中国のことを知ってもらいたい。中国の人にも日本に来て交流してもらいたい。そういう気持ちはずっとある」と語るように、中国との交流という意識をはっきりもっている人が来れば協力する。そこで日中友好という、いわば高い敷居は保つ。

一方で、それはそれとして、ほかの中国への関心の持ち方、入口もある。それをお客さんのニーズに応える商品で示す。

敷居は低くしないが、間口は広げると、内山さんがあえてことばを変えて表現した意図はここにあるように感じる。

自分なりの距離感で

間口を広げる取り組みには「多少の手ごたえは感じている」という。しかし課題もまだ多い。一番の課題は抱えている在庫が増えてしまっていること。特に輸入書の在庫が増えてしまっている。仕入れ価格、販売価格のこれ以上の調整は難しい。

そこで新しい販路開拓ということで、昨年からアメリカのＡｍａｚｏｎに出品を始めた。日本国内ではあまり売れないが、アメリカの中国研究者向けなら、と考えたそうで、柔軟な発想に驚かされる。

店の歴史を踏まえつつ、新しいことに取り組んでいけるのは、内山さん自身の中国に対する姿勢が関係しているように思える。内山さんが「個人的な話ですけど」と前置きして言うことには「よく勘違いされることがあるんですけど、わたしは中国がすごく好きというわけではないんですよ」。

内山さんにとっては、家業を継ぐために中国と付き合いだした。そうしてみると自分の想像を超えることがかなりあった。それが面白く興味を惹かれるのであって、好きという感覚とはちがうのだという。「ずっと付き合っていても理解できない部分、嫌な部分は残っている」というのが正直な気持ちだ。

内山さんの立場でこんな発言をするともちろん驚かれるが、若い人に言うと理解してくれているようには感じているそうだ。

中国にべったりではないから、中国の体制を批判する本もまっとうな内容なら仕入れるし、指導部に忖度するようなこともない。

中国と関係がある、仲良くしているとなると、極端な人からは「共産党のスパイだ」「中国に利用されている」という言い方をされることもある。内山さんの考えはそれらの批判とはむしろ逆だ。

「内山書店は中国から本を仕入れているのだから、

一階レジ横では常にミニフェアが

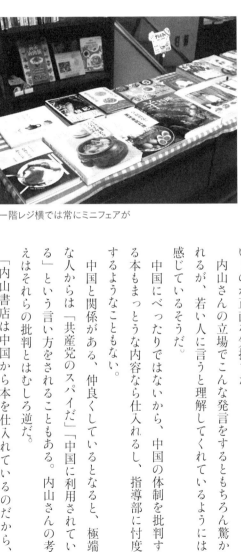

中国を利用して金儲けをしているとも言えるわけです。そういう意見は外野の声というか、気にしないで長く付き合っていこうかなと」と冷静な経営者としての考えをもっている。

内山さんの上の世代では、中国とかかわる人はそれこそ日中友好を第一義とする人が多かった。両国の関係の歴史を考えればそれは必然だろう。ただし、それはともすると中国の悪い面には目を向けないということも起きる。

内山さんは中国に対して「自分なりの距離感でやっていこう」という姿勢だ。どちらかに偏ることなく、中国のことを日本の人に知ってもらいたい。

本の街に実店舗を構え、ノウハウの蓄積もある。そこにニュートラルな視線から生まれる柔軟な発想が加わっている。百年を超える老舗が今後どう充実するかが楽しみだ。

おすすめの本

中国語学習者におすすめの本

・新井一二三『中国語は楽しい』（筑摩書房、二〇二一年）

全世界で中国語話者は十億人を超えるといわれ、中国のみならず東南アジアや北米など世界各地に中国語を話す人がいる。内山さんはマレーシアを旅行した際に鉄道駅で切符売り場がわからずウロウロしていたところ、現地の人に「あんた、何探してるの?」と中国語で話しかけられ、「マレーシアの駅で切符の買い方を中国語で教わる」という経験をしたことがあるそう。本書では中国語に「一目ぼれ」した著者が、文法や発音などの基礎だけでなく、時間や空間の視野までも広げて中国語のもつ魅力、中国語が話せる喜びをあますところなく伝える。中国語を学び始めたばかりの人にとって最良の手引書。

いま一押しの本

・門倉郷史『黄酒入門』(誠文堂新光社、二〇二三年)

「黄酒(ファンジョウ)」とはもち米やキビなど穀物を主原料とした中国の醸造酒全般のことをいう。日本で「中国酒」というと「紹興酒」をイメージする人が多い。しかし紹興酒は浙江省紹興市で産出された黄酒の一銘柄に過ぎない。日本酒やワインのように、産地や原料が違えばその味わいは千差万別。本書は日本で流通している黄酒を中心に、その製法や味の特徴、あわせる料理のレシピまでを紹介する、日本で初めての黄酒入門書。

書店を開きたいと思っている人におすすめの本

・石橋毅史『本屋がアジアをつなぐ』(ころから、二〇一九年)

「書店」とは書籍や雑誌を売っている小売店、「本屋」とは書籍や雑誌を売ることを生業としている人・またはその仕事に就くのが宿命であったかのような人。このように使い分ける著者は「本屋」についての本を書き続けてきた。巷では〝スマホ漬け〟が進んでいるというのに、なぜ本屋は出現し続けるのか？ある種の人たちを本屋へと駆り立てるものは何か？世の中に本屋が必要なのだとしたら、その理由は何か？その答えを探しに著者は国境を越え東アジアへ足をのばした。「本屋」の存在意義を改めて考えさせられる一冊。

田原 陽介（たはら・ようすけ）
中国関係専門書店、東方書店東京店店長。

本の街神保町には、中国専門書店として前回取り上げた内山書店と双璧をなす本屋がある。内山書店から交差点を挟んですぐ斜向かいにある東方書店だ。

一九六六年、洋書輸入業を営む極東書店の中国部門が分離独立する形で創立された、歴史ある書店である。この東京店のほかに大阪にも支社兼店舗を構え、大学など研究者向けの外商部門も事業の柱としている。さらに出版部門を抱え、中国語教材や「東方選書」と銘打ったシリーズで良質の書籍を刊行している。中国に関する本の分野ではまさにオールラウンドな存在といえる。

東方書店東京店店長の田原陽介さんは「外商でも小売店でも、研究者の先生方に本を売るのが屋台骨」と語る。一方で、同店のＳＮＳのフォロワー数は小売店舗ながら二万を超える。全国展開する大型書店にも引けを取らないこの数字は、専門家だけでなく、一般の読者、中国好きもが、東方書店が発信する情報に注目していることを証拠づける。

専門家向けでありながら、一般の関心も集める。矛盾しているようにも思えるが、それが両立しているのは、お店の根底に「中国好きの人の受け皿になる」という方針があるからのようだ。東方書店に入社以来、東京店に三十年以上勤め、いまは店長として舵を取る田原さんに、東方書店という器の魅力をうかがった。

「中国語を話せますか」でつまずく

中国好きの集まる店を標榜するからには、そこで働くスタッフもやはり中国好きである。田原さんが特に好きなのは中国の怪奇話や神話だという。原体験は小学生のときに読んだ、岩波少年文庫の『西遊記』。主役の孫悟空以上に惹かれたのが、悟空が天上界に行って暴れまわるときに登場する神々だった。さまざまな個性をもった神様が登場するのに驚き、しかも人間関係ならぬ神様関係があるのに魅力を感じた。

後に子ども向けではない、岩波文庫のほうも読んだときに、三蔵法師の前世からの業について触れている部分が、少年文庫にはなかったことに気づいた。本好きの叔父にその理由を聞いてみたところ、翻訳の元にした本が違うという答えが返ってきた。底本の存在、中国語原書の存在をはじめて意識したできごとだった。

中国の不思議な物語への興味は膨らみ、『西遊記』以外にも駒田信二訳『中国怪奇物語』や田中貢太郎の作品などを好んで読んだ。そして自然と中国語を学んでみたいという気持ちが生まれ、高校卒業後に日中学院に進んだ。本科で二年間学んだあと、仕上げというつもりで北京に留学を決めた。

留学してほどなくして田原さんが思い知ったのが、これまで自分が学んできた中国語があくまで教室の中国語にすぎない、ということだった。

休みのとき、学校のある北京から少し離れたところに行ってみようと、友人と二人で旅行を計画した。行先は鄭州で、選んだ理由はその近さだった。この近いという感覚は、当時、上海までだと列車で十七時間かかるのに対して、鄭州なら八時間で済むという比較による。国内旅行でその所要時間になるのがさすが中国だが、その感覚に田原さんがすでに染まってしまっていたというのも面白い。

鄭州は少林寺や殷墟（殷時代の遺跡）で有名であり、かつ交通の要衝でもある。多くの人が往来する土地で、しかも訪れたのはメーデーの時期。とにかくものすごい人の波に圧倒され、田原さんと友人はその混乱の中で乗るべきバスを逃してしまう。外国人向けではない素泊まりの宿を探す羽目になったのだが、そこで北京とはちがい、外国人に慣れていない、一般の中国人と接することができた。

さて驚いたことに、学んだはずの中国語が通じない。これまで教室や教科書で学んできたものと、声調もちがうし、使う単語もちがう。「あなたは中国語を話せますか？」というごく基本の表現ですら単語が異なる。

「教科書のしょっぱなに出てくるような単語がわからない。向こうからすれば、ぼくは中国語を勉強していますと言っているにも関わらず、そんな簡単なこともわからないから「はあ?」となってしまうわけです」

あるいは天津に行ったときのこと。餃子を食べようと注文するも、通じない。相手の発音を聞くと、その人の個人的な癖なのか、方言なのかわからないが、まったく声調がちがう。

あるいは路地を散歩していたときに出くわしたおばさんとの会話。優しく話しかけてくれるが、何を言っているかわからない。

もちろん、雰囲気から何を言っているかは理解できるのだが、留学してまだひと月足らず。間違って答えてはいけないと構えてしまい、臨機応変な受け答えができなかった。学校で先生相手であれば、あるいは外国人と接することに慣れた北京の人であれば、学習者に配慮して会話をしてくれるが、そうした環境を離れたら通用しないことを痛感した。

それでもルームメイトとの会話をはじめ、中国語をどんどん使うことで、三か月も経つとかなりの語彙を使えるようになった。人と接して勉強する機会があるのが留学のよさだ。最初でつまずいたとしても「わからないと言われること、自分がわからないということに耐えるスタミナを鍛えること」が肝心だと田原さんは言う。

革命で中国を離れて

田原さんの留学生活は波乱のうちに幕を閉じた。天安門事件が起きたためだ。そして田原さんはまさに天安門広場に居合わせていた。一九八九年五月のゴルバチョフ書記長の訪中にあわせて、NHKが現地の雑用全般をするアルバイトスタッフを募集しており、田原さんは先輩の紹介で採用されて現場入りしていたためだ。

田原さんに割り当てられた仕事のひとつが、広い天安門広場で目印になるよう、脚立の上で立っておくというものだった。立っていると周りの中国人が何をしているのかと尋ねてきた。日本のテレビ局、NHKのスタッフだと答えると、「この真実を世界中に伝えてくれ」などと言われる。

混乱した現場のなかで印象的だったことのひとつが、デモの現場にあった、ビニール袋に入ったレモンだという。目にレモンをこすりつけておけば、催涙弾が来ても大丈夫だということらしい。そうは言われても「レモンを目に入れること自体が大丈夫じゃない気がするんですが」。

事の重大さは、中国人の中でも受け止め方がまちまちのようでもあった。学校の先生はそんなに大したことにはならないよ、と言うが、窓際に立ってはいけないとも言う。窓の近くにいると撃たれることがあるかもしれないからだ。

静かな状態がしばらく続き、このまま終息するかという声もあれば、「共産党を甘く見てはいけない。必ず何かある」と予言する人もいた。

緊迫した事態ではあったが、現地にいた田原さんにとっては客観的な情報も少ないのであまり状況が把握できなかったという。結局、このまま中国に残ることができないとなって感慨にふける間もなく帰国した。日本でさまざまな報道に触れることでやっと全容がわかったという感覚だった。

さて中国語をしっかり学び、歴史的な事件も目撃した田原さんなので、東方書店にもその能力や経験を買われて入社したのかと思いきや、実際にはその経緯はごくあっさりしていた。

留学後の進路のあてもなく、帰国してさあどうしようかとなった田原さんが思い出したのが、本好きの叔父に子どものころから連れてきてもらっていた神保町だった。

たしか中国関係の書店があった、そこで働くことはできないだろうか。店に行ってみると求人の貼り紙があった。支店の場所だけ確認して応募の電話をかけた。まずは話を聞きに行くという具合で総務部を訪れると、創業者で当時の社長の安井正幸さんが面接の場に現れ、「じゃあ明後日から出てきてもらおうかな」。なんと試験なしで入社が決まった。

出社初日、当時の総務部長が先代の店長に「この子なににもわからないから、ぜんぶ教えてあげて」と指示し、そして「徳萬殿でタンメンをおごってもらって、始まったんだ、サラリーマン人生が」と田原さんは振り返る。

なお、現在の東京店の輸入書担当者も田原さんと同期入社で、やはり試験なしでの入社だったが、これはこの二人だけが例外で、ほかの人は試験を受けているとのこと。当時はバブル期で、人材は売り手市場ということもあり、早めに確保したいという事情があったのかもしれない。

もっとも、田原さんたちを面接した安井元社長は、中国の指導部ともパイプをもち、日中交流に貢献した大人物であるから、その眼鏡にかなったというだけで十分と言えるし、この同期の二人が実際にいま店を支えている。

東方書店に入社した田原さんは最初に輸入書を担当した。店でよく売れるジャンルは歴史と古典なのだが、田原さんにはまだこの知識が少なく苦労した。

「たとえば『論語』の注釈があって、その注釈の解説を「疏」というとか、基本的な知識があるんです。そういうのは大学のときに集中的にやらないと身につかないですよね。それをわたしはやっていないので先輩によく教えてもらいました」

同じく輸入書を担当する先輩に多くを教わったが、とにかく大変だったと振り返る。

その後、国内書の担当に代わる。ここで田原さんを鍛えてくれたのが、神保町の取次店、つまりは問屋の人たちだ。

取次というのは、業者によってどの出版社の本を取り扱うかが異なっている。まだ経験の浅い田原さんはその取次が扱っていない本のことを言ってしまい、そんなのないよとぞんざいに言われたことがあった。厳しく怒られたこともあった。

しかしそれは「問屋ですから、本屋とはお客さんの関係ではない」から。業者と業者とのやりとりであり、そうして怒られて育ったという感覚を田原さんは持っているし、神保町にはそうした商習慣が合っていると感じている。

田原さんを育ててくれた存在でもうひとつ大きいのがお客さんだ。いまでもそうだが、店を訪れるお客さんは中国に詳しい人ばかりであり、そんなお客さんにいろいろと話しかけてもらうことで教わったことが多い。お店で話に花が咲くという、いまもある光景は昔から変わらないようだ。

感動をパスする

店舗での輸入書と国内書の仕事での大きなちがいには、国内書では外部とやりとりがあることだという。輸入書は、別に外商なども含めた仕入部が中国とのやりとりを行うため、社内でのやりとりだけですむ。

一方で国内書になると取次をはじめ出版社、あるいは直販をする場合などには著者や翻訳者とお金の出し入れを含めたやりとりをすることもある。そうした理由もあって、国内書の仕入れ担当は店長が行ってきた。田原さんは途中から国内書仕入れを担当するようになり、そして前店長が役員になることをきっかけに店長になった。

店長として田原さんが向き合わなければならなかったのが、自身が仕事を始めたときとの店の状態の変化だった。田原さんの入社時はバブル期で中国への投資ブームがあった。インターネットなどもなく、中国の情報を求めて来店するお客さんが多く、レジは現在はひとりが基本だが、当時は常にふたりが立っていなければならないほどだった。

それに比べると売上はずいぶん下がっている。仕入れた本を余らすことなく、適正な仕入れはできている感覚はあるものの、うまくいっていると言えるかどうか、田原さん自身わからない。

その中でどうやって店をやるモチベーションを保っていくか。田原さんが店のスタッフと共有するようになったのが「中国好きの受け皿になる」という考えだった。

売上とは別の視点からの発想だ。以前もそうした雰囲気はスタッフの間にあったが、それを改めてことばにして共有するようにした。

受け皿という語は、ほしい本が買える場ということだけを意味しているのではない。田原さんがある取材で「中国自慢をしに来てください」と呼びかけたことがあるように、お店に来て、好きな中国のことについて話してほしい、それを聞きたいというのだ。

「お客さんのほうがどう考えても詳しいんですよ。大学の先生とか、中国駐在何十年とかですから。だからわたしたちが教えることはないわけで、質問に答えるというよりも、話の受け皿になる。そうすると柔らかい話もできるし、お客さんも喜んでくれる。そういう接客もできるんじゃないかな」

田原さんたち店員は専門家ではないが、話題に反応できるくらいの知識をもって耳を傾ければ、お客さんの話にも熱がこもる。

この方針を最も体現するエピソードを生んだスタッフが、店のＳＮＳも担当する筒井健さんだ。

ある時、筒井さんがお客さんと話している。田原さんが昼の休憩に行って戻ってきても、まだ話している。そして荷物の発送を終えても、まだ話している。「恐ろしいことにその話の輪にまた知らないお客さんが加わっているんですよ」。このとき筒井さんは四時間ものあいだお客さんと話していた。一日の労働時間の半分にあたる。

そのお客さんは常連になってくれた。

中国自慢を聞くことの意義は、お客さんの満足度を上げることだけではない。東方書店の仕事の核にもつながっている。

「いろいろなお客さんが感動した事柄というのは、店員の頭にも定着しやすいんですよ。そうするとその感動をほかのお客さんにもパスできるんです」

店のラインナップにある本は、専門家ではない田原さんにとってはすっと理解できないものもある。そうした本も、どんな点が面白いかというお客さんの話を受けてからだと頭に入ってくる。田原さん自身が感動を共有することで、その本を別のお客さんに薦めることができるようになるというわけだ。

こうした刺激を与えてくれるのはお客さんだけではない。東方書店には出版社の人や著者に翻訳者などもやってくる。これらの人たちは本の直接の作り手である分、制作途中の苦労話や工夫を話してくれる。それはセールストークというより、その本への思い入れ、こんな読者に届けたいという熱意から出てくる。

「そういう話を直に聞けて肌で感じることができる。それがわたしたちがお客さんたちと話すときのエネルギーになるんです」

そうして得た情報を積極的に発信することは、作り手と直接会うことのないお客さんにとって、本への理解が深まることにつながっている。

ある人の興味を別の人につなげる。いわば中国好きの「ハブ」としての機能を果たしている。このハブ機能は他業種とのコラボレーションにつながったこともある。

古代中国を題材にした町づくりシミュレーションゲーム『水都百景録～癒しの物語と町づくり』の一周年に合わせて、ゲームの舞台となる江南の関連書籍を取り上げた。この効果はコラボレーション終了後にも波及した。数か月後に中公新書の『物語　江南の歴史―もうひとつの中国史』（岡本隆司著）を紹介したのだが、コラボのときに足を運んでくれたお客さんが東方書店で購入してくれた。これは新書なので全国の書店で買うことのできる本だが、それにも関わらず、わざわざ東方書店に来店してくれたのだ。

よい本の情報や作り手の思いを伝えられる。田原さんは「うれしいものですよ、人から聞いたいい話をほかの人に伝えるって」とストレートに仕事の魅力を表現する。

接客の延長線上のSNS

田原さんたちが感動というパスを送るフィールドは店頭のほかにもある。日々の商品情報をアップするウェブサイト、そしてSNSだ。特にXはお客さんに直接情報を届ける最前線になっている。

Xはお店の売上につながる大切な宣伝ツールだとは言いつつ、田原さんはXを「完全にコミュニケーションツール、接客の延長線上という感じでやってます」と性格付けをしている。

店頭での接客同様、好きな中国の話をして盛り上がる場であり、書店として本のことを中心に話題を提供する場にしようという考えだ。

充実した研究書の品揃え

Xの担当は、聞き上手の筒井さん。もともとは自身ではあまり使ったことはなかったというが、田原さんに「一日一回は投稿してね」と軽く言われたのを機に、使い方を自分なりに勉強した。なにせお客さんと四時間話せる人材だ。店頭同様、SNSも中国好きの受け皿に作り上げている。

書店なので面白い本のことはもちろん、お店と関係がなくても、学習に役立つ情報や面白い中国関連の話題があれば投稿する。本を紹介するにしても、筒井さんの視点で面白いと感じた点が紹介してある。その分野に知識や関心のないお客さんでも、どういう本かがわかるようになっている。筒井さんも「感動をパスする」人なのだ。

中華コンテンツファンの台頭

近年、お店に足を運ぶ人に新しい層が加わっているという。専門家ではなく、趣味で中華コンテンツを楽しむ人たちだ。

一般的にも人気のある『三国志』好きのような歴史ファンはもちろん、現代の小説やマンガ、SFにBLといった新しいジャンルの読者が多く、田原さんが「異常なほど」と形容するほど売れる本もあるという。

人気のBL作品『魔道祖師』の作者である墨香銅臭と、その日本語版ラジオドラマの監修者の括号、そして綿矢りさの鼎談が特集で掲載された文芸雑誌『すばる』の二〇二三年六月号が即品切れとなり、雑誌としては異例の増刷となったが、それもまた品切れとなったほど、ということを聞けば納得できる。

その熱意から、翻訳だけでなく、中国語原書も買い求める人も多い。

小説というのは情緒的な表現などもあるので、読み物としては上級向けになる。それで田原さんは、お得意様になった人に小説を読むのは難しくないか、と尋ねたところ、翻訳アプリを使って読むのだと教えてもらった。さらにインターネット上で意見交換をし、そして何回も読む。そうするうちにだんだん理解ができるというのだ。新しい読み方が生まれている。

以前であれば、中国の小説を読むというのは、中国に興味のある人、研究する人がその社会や文化を知るために読む、いわば資料としての意味合いが強かった。

いまの読者はまったくちがう。ただ楽しいから読むのであり、好きになった作品が中国のもので、それをきっかけにほかの中国の作品や文化に関心をもつという流れなのだ。勉強熱心な人は「ＢＬの本を買いつつ、五代十国時代の、しかも概説書でもないような本を買っていく」のを目撃したこともある。

中華コンテンツの熱心なファンは、東方書店のハブとしての新しいチャンネルも開いてくれた。

「十年ほど前から同人誌を扱っているんですけど、それがすごく増えています」

ふつうは同人誌サークルが出展するイベントで販売されるのがメインだが、そういう場に行きづらい人にとって買いやすい場になっている。どうやら同人誌サークルのなかでも「東方書店に行けば置いてくれる」という口コミがあるようで、店に置いてほしい、と同人作家が直接持ってきてくれるようになった。

同人誌の棚にはニッチながら、いやそれだからこそ興味をひかれるラインナップが並ぶ。最も人気がある『科挙対策　律令』（幾喜三月著、楽史舎）は、中国の官僚試験である科挙の受験マニュアルだ。

ほかにも『ふだんづかいの青銅器』、『これから皇帝になる人のはじめての即位』（上下巻）

と歴史ものから、『台湾自動販売機コレクション　2023』や『中国オタクイベントの歴史』などサブカルチャーのジャンルもある。

函に入った厚い研究書が並ぶ棚がある一方、同人誌も取り揃える。一見まったくちがうものに思えるが、中国好きをつなげる東方書店では、ごく自然な光景なのだと納得させられる。

本の蓄積を循環させる

もうひとつ、田原さんが方針としてほかのスタッフと共有してきたことがある。それはごく地道なことで、研究に必要な資料をしっかりそろえ、その資料を求める人にちゃんと売る、ということだ。つまりは仕入れと販売なのだが、これを田原さんは「循環」と表現する。

繰り返しになるが、東方書店の屋台骨は研究書だ。お客さんである専門家の人たちが論文を書くために必要な一次資料をしっかり仕入れる。売られた本は、別の研究の基礎になる。そしてその研究の成果がまとまれば、その実りである書籍や論文を東方書店が仕入れる。仕入れた本を売り、その結果が次の仕入れにつながり、それがまた研究の肥やしとなる……。

そうした研究の蓄積に本の販売を通して貢献することを、田原さんは循環と表現しているのだ。

これを実現するためには、的確に仕入れて、必要とすべき人に売らなければならない。研究書は小さな出版社から出ていることも多い。それを漏らさないようにする。本を仕入れたら、目次は必ずチェックする。そのテーマは書名にはないけれど、この章で取り上げている、といった情報を伝えられるようにするためだ。

この循環の環に入っているのは主に専門家のお客さんだが、最近はここに新しい層が加わっているという。それがBLと五代十国時代の本をあわせて買うような中国コンテンツのコアなファンであり、同人誌をはじめ中国を題材にした作品を作っているクリエイターの人たちだ。

特にクリエイターの人たちは、創作の資料を買い求めてくれる。たとえば中国の服飾史の本。従来は出土品の写真を載せたものばかりだったが、イラストで描き起こしたものが登場し、実際の服装がイメージしやすいようで好評だ。

中国の伝統色を扱った本が売れたときには、最初は理由がわからなかったが、その色を印刷したりディスプレイで出力するためのCMYKやRGBという数値が説明されており、クリエイター向けの資料として便利なのだとわかった。いずれも創作に資するように編集が工夫されているが、ベースにあるのは研究の蓄積だ。

「研究者のために資料を集めるということは、良質な本がそろっているということ。そういう品揃えをすることによって、情報の正確さを重視するクリエイターの力に喜ばれているんじゃないかなと。わたしたちがそろえている本の重要さを自然と分かってくれて、当店に来てくれるのはすごくうれしいですね」

中国専門書店なので、中国に興味のない人はやってこない。ただ幸いにも、さまざまなコンテンツが流行ることで新しいお客さんも来てくれるようになった。受け皿を整えていったところ、自然に裾野が広がったかたちだ。

もちろんそれにかまけてはいられない。ＳＮＳを中心に絶えず情報発信している。売れそうだと見込みのある本があれば、刊行より前に情報を発信する。次に入荷時期が確定したら告知し、入荷したらそれもお知らせする。実際に売れれば、売れてますと追い打ちをかける。「シンプルなことをたゆまずにやる」ことだ。「小さな会社は、ＳＮＳでの発信は大変だけど、得るものは大きいんじゃないかと思いますね。特にうちは個性がつけやすいので」と分析している。

同時にお客さんの新しい需要に応える品揃えをしようと心がけている。特にＳＮＳはニーズが集めやすい。今後の売行や流行を予測することまではできないが、お客さんの反応には常にアンテナを張っている。

その中で新しい商品を開拓したい思いがあるが、やはり大きな方針として、専門書をメインにという点は変わらない。

「資料を提供して、その人のアウトプットした成果を必要な人に届けるというのは、先生方でもクリエイターの方が作るものでも同じで、流れは大して変わらないですよね」

お客さんの層は多少変わったが、その関心の軸は変わっていないわけであり、そこに応えるべきということだろう。

新しい客層も取り込んでいると記すと、お店は順調にも思えるが、田原さんが苦笑いで「うちだってそんなに儲かっているわけじゃないですよ」と釘を刺すように、もちろん常に課題は抱えている。店の方針にしてもＳＮＳのやり方にしても、もやもやと課題を考えるなかで田原

人気の高まる中華SFの棚

中国のポップカルチャー、サブカルチャー好きの熱量は高い

さんが言語化してきたことだ。商売である以上、厳しい面もあるが、そのうえでやりがいをもちたい。

田原さんが感じる仕事の魅力は何だろうか。

「自分の好きなこと、熱い思いをほかのお客さんに伝えられる、ハブになれるのが魅力ですね」。このやりがいをほかの人にも伝え、いい雰囲気の店を作りたいというのが目標だ。

「そういうところじゃないとお客さんも集まってこないですから」

東方書店は受け皿である。だから、お店を作るのは店員だけではなくて、来店するお客さんでもある。これからどんなお客さんが訪れ、どんな店になっていくのか、楽しみだ。

おすすめの本／webサイト

中国語学習者におすすめの本

・呂叔湘主編／牛島徳次・菱沼透監訳『中国語文法用例辞典』

（東方書店、二〇〇三年）

中国で定評のある文法辞典の日本語版。中日辞典、日中辞典の次にそろえたい一冊。作文をするときなどに便利に使え、中級以上

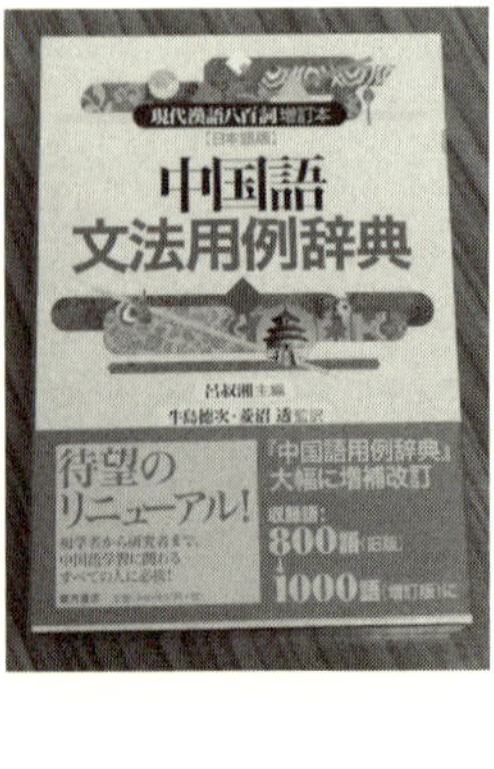

の学習者なら必携。

いま一押しの本

・陳春成『夜の潜水艦』大久保洋子訳（アストラハウス、二〇二三年）
一九九〇年生まれの期待の新星の作者による短編集。中国の文学賞を総ナメした話題作。いまブームになっているSFのようなダイナミックな展開はないのだが、翻訳も読みやすく「ページをめくるのが楽しくなる小説」と田原さん。

書店を開きたいと思っている人におすすめのwebサイト

・和泉日実子、大久保健「香港本屋めぐり」（web東方）https://www.toho-shoten.co.jp/web_toho/?cat=2
東方書店のwebマガジン「web東方」で連載中のルポルタージュ。香港の独立系書店を紹介する。取り上げられる書店は、田原さん曰く「商売になるのかなと思うくらい自由な発想」の店ばかり。モチベーションアップにおすすめ。

編集部のお買い上げ⑤

［チェルビアット絵本店］イタリアというレンズ

店内をぶらついて新しい本を見つけるのは楽しい。オンラインショップメインのチェルビアット絵本店ではそれはできないが、頻繁に企画されるイベントが、本との出会いを提供してくれる。ジューズィ・クアレンギ『わたしは　あなたは』のイベント告知を見て、ふたりの女の子が伝記を書き合うというあらすじに惹かれて買い求めた。

主人公はイタリアで生まれ育ったベアトリーチェと、モロッコにきょうだいを残してお母さんとイタリアにやってきたアジザ。アジザはベアトリーチェより年上だが学年はひとつ下で、カフェで「やっぱりココアが好きなんですね」と言われる。移民（難民）が置かれる状況がそれとなく描かれ、イタリアの社会が垣間見える。一方で、交流を深めて共通点を見つけていくふたりの姿には、共感という誰しもがもつ温かみを感じる。

イタリアの作家がイタリアを舞台に書いた物語だが、だからこそ普遍的なテーマが見えるようになっているように感じた。店主の四方さんがイタリアの文化を、物語を伝えると語った意味は、もしかしたらこういうことなのかもしれない。

（K）

東京ジャーミイ・
ディヤーナト トルコ文化センター

キタプチ

〒151-0065

東京都渋谷区大山町1-19

東京ジャーミイ・ディヤーナト トルコ文化センター内

TEL：03-5790-0760

営業時間：10:00～18：00

＊金曜は集団礼拝優先のため

14：00～18：00

https://tokyocamii.org/ja/

これまで取り上げてきた書店はフランス語、スペイン語、中国語と、ひとつの「言語」に特化していたが、今回訪れる書店は少し性格が異なっている。ひとつの「文化圏」に特化した書店だ。

この書店があるのは東京ジャーミイの一階。最寄りの代々木上原駅から徒歩五分ほどと都心からアクセスしやすい東京ジャーミイは、観光スポットにもなっており、「東洋一美しい」とも評されるモスク、つまりイスラーム教の礼拝堂だ。正面玄関の重厚な扉の上には、アラビア文字のカリグラフィでこう記されている。「東京ジャーミイは神の館、この地にあまねく永遠の聖なる光を」。

ここは日本に住むイスラーム教徒（ムスリム）が集い祈るための場所なのだ。

そういう建物なので、入口を入ってすぐにある書店「キタプチ」には、イスラームにまつわるものを中心に、中東地域の歴史や文化関係の本が多く並んでいる。

店を取り仕切る西田今日子さんは「できるだけなんでも置きたい」という思いでスタートし

西田今日子（にしだ・きょうこ）
東京ジャーミイ・ディヤーナト トルコ文化センター職員。翻訳者。共著に『だから知ってほしい「宗教2世」問題』（筑摩書房）。

た。建築や美術系の本が売れ筋だというのは、装飾芸術とイスラーム教の密接な関わりからしてうなずける。

一方で詩人が綴った猫にまつわるエッセイや、写真が美しい金魚やコケの図鑑があるのは意外だが、西田さんの意気込みを体現しているようでもある（なお、猫については預言者ムハンマドが愛した動物だったというのも選書の理由のようだ）。

西田さんの「総合的な本屋にしたい」という言葉の背景には、東京ジャーミイが担う役割があるようだ。

「暇なときは遊びに来て」

東京ジャーミイの開堂は二〇〇〇年だが、そのルーツは一九三八年にさかのぼる。ロシア革命を逃れて日本に避難してきたタタール人たちが礼拝堂を望み、東京回教礼拝堂として竣工。老朽化のため一度取り壊された後、トルコ共和国宗務庁が設けた基金によって新たに東京ジャーミイが建設され、日本に暮らすムスリムの心の拠り所となっている。

ムスリムのための場所ではあるが、二階のモスクは特定の礼拝の時間を除けば見学できる。一階はトルコ文化センターとして開かれたスペースになっていて、トルコの伝統的な民家を再現した応接間や、図書も備え付けられたホールで過ごせるし、ハラールマーケットで買い物も楽しめる。

一階を歩いていると、さまざまなイベントの案内が掲示されているのが目に入る。アラビア語カフェに、トルコのお菓子教室、チャリティバザーなど多様な内容だ。信徒かどうかを問わないイベントで、西田さんも「暇なときは遊びに来てください」と歓迎してくれる。

これら文化センターの施設が整ったのは二〇一九年頃。新館ができ、自由に使えるスペースができたことがきっかけだ。書店の設置もスペースの活用案として候補に挙がったのだが、それに深い理由はないらしい。そう聞くとつい「成り行き」や「流れ」と俗な表現でとらえてしまうが、西田さんの東京ジャーミイとの関わりを知ると、これが「神の導き」を意味する「ヒダーヤ」なのかと感じさせられる。

棚に並ぶクルアーン

イマームに導かれて

日本生まれの多くの人と同じように、もともと西田さんもイスラームやトルコとはまったく縁がなく、むしろ父方の実家は日蓮宗のお寺という仏教家系だった。高校の工業デザイン科で学び、美術系の短期大学に進学。宝飾品関係の企業に就職し、図面の作成などに従事した。その後、出産・育児を機に在宅で仕事をするようになった。

イスラームを西田さんが意識したきっかけは高校の製図の授業にある。先生がさまざまな図法のルーツは中世のアラビアの科学にある、と話した。一日の決まった時刻に、決まった方角に向かって祈るために、それを測る科学が発達したという話だった。天文学や数学、地理学など幅広い分野で業績を残した学者であるビールーニーの名前も挙がったので、詳しい先生だったのかもしれない。

宗教とは、疑ったり考えたりせず、ただ信じるもの。若い西田さんはそんな印象をもっていた。ところが「正しく信じるために、理性を働かせる、むちゃくちゃ考える。そういう人たちがいるということが新鮮でしたし、衝撃でしたね」。

その後もイスラームへの関心は持ち続けていた。ただそれを自分から信仰しようとすることはなかった。

それが三人の子どもの出産を経て、イスラームとは「からだを伴わないとだめっぽいぞ」とわかった。なにが「だめ」なのかを知りたいところだが、西田さん自身この心情をいまでもうまく説明できないという。

信仰を実践するにあたって、西田さんにとって悩ましいことがひとつあった。集団行動が苦手で、人と並んで礼拝することに抵抗があったのだ。解決策はというと「礼拝は動作をするだけじゃなくて、クルアーン（コーラン）の短い章をアラビア語で暗唱するんですね。それさえできれば、ひとりで礼拝できるんじゃないかと思ったんですよ」。

そのためにはクルアーンを読み理解するためのアラビア語を学ばなければならない。人の勧めもあり、東京ジャーミイで週に一回、講座に通うことにした。教えてくれるのは、東京ジャーミイとして再出発して最初のイマーム（イスラム教徒の指導、礼拝の先導者）のジェミル・アヤズ先生。アラビア語のアリフバー、つまりアルファベットを一から教えてくれるということで、最初に教科書を一冊手渡された。

先生はとりあえず来週までに、そこに書いてある文字を全部覚えてこい、そうしたらこれからも教えてやるという。挑発的な課題に火を着けられた西田さんは「わかりました、頑張りますよ。ところでこの教科書はいくらですか。払いますよ」と聞いた。それに対する答えに西田さんは打ちのめされる。

「お前には一生かけても払えない、お金で買えるものじゃないんだ、だからとっておけって言うんですよ。もう、かっこいいですよね」

ちゃんと頭を垂れて教えを受けよう。アラビア語だけではなく、信仰の導き手ともなった。先生は西田さんが集団行動が苦手なことにも理解を示してくれて、自分のやり方を真似ればいい、と教えてくれた。礼拝堂で先生が前に立ち、西田さんはその後ろで先生の所作を見せてもらった。

ところで、礼拝の前に体を洗い清める「ウドゥ」では、手や口のほか、鼻の中も洗わなければいけないが、手にすくった水を鼻で吸うのは慣れが必要だ。先生が「これできるか？」と自慢げにやって見せてくれたというエピソードがほほえましい。

翻訳スタッフとして

授業を重ねるうち、西田さんは東京ジャーミイのウェブサイトを作れないかという相談をもちかけられた。引き受けることにして、先生からは作業料の請求書を出してと言われたが、自分も教わっている身だからと、報酬にはこだわらなかった。こうして西田さんは、生徒から運営側へと一歩、足を踏み入れることになった。

ジェミル・アヤズ先生は任期を終える際、新しいイマームにウェブサイト担当として西田さんを紹介してくれた。新任のエンサーリ・イェントルク先生は若く、仕事にもかなり意欲的。早速ひとつの提案を西田さんにもちかけてきた。

毎週金曜日の正午過ぎには、多くの信徒が集まって集団礼拝を行う。この金曜礼拝の際に行う説教（ホトバ）を、アラビア語とトルコ語のほか、英語と日本語でもやりたい、ついては翻訳をしてほしいというのだ。

西田さんにはもともと翻訳業のキャリアがあった。英語が得意で、宝飾品会社に勤めていたときには海外とのやりとりの窓口を担当し、在宅での仕事でも翻訳を手がけていた。

翻訳自体はむしろ慣れた仕事だが、それは英語の話。相談の結果、別のスタッフがまず英語に訳し、西田さんはその英語から日本語に訳すという分担で決まった。さらに深く、運営に関わることになった。

ところで、このホトバの説教を多言語にするというのは、かなり画期的なことだと西田さんが教えてくれた。

ホトバのもととなるのはクルアーンに記された教えだ。つまりアラビア語で行うことが本義である。ただ実際には、そのモスクに通ってくる人たちの主流の言語も用いられる。たとえばパキスタン出身の信徒が多いモスクならウルドゥー語や英語で行う。

東京ジャーミイの場合はアラビア語とトルコ語で行っていた。翻訳したものは本来は認められない、という立場をとる人もいるくらいなので、いまから二十年前の当時としては、これを日本語にまで広げることは議論を呼んだ。

もちろん、日本語に翻訳するねらいはある。イスラームがマイナーな存在である日本だから「あの場所でなにをやっているのだろう?」と疑問に思った人がいるときに、何を教えているかを伝えることができる。ウェブサイトには礼拝の時刻表を掲載しており、そこに日本語でホトバの内容も記せば読んでくれる人もいるかもしれない。

「そうすればムスリムじゃなくても教えに触れられるじゃないですか。知りたかったらアラビア語を勉強しろなんて、いつまでも言ってられないでしょ」と西田さんは考えている。

クルアーン翻訳の大プロジェクト

西田さんはそれからも、預言者の様々な言葉を集めた「ハディース」の翻訳などに携わってきた。とはいえそれは仕事ではなく、生計の手段はあくまでほかで請ける翻訳の仕事だった。それが二〇一九年、いよいよ職員となる。きっかけはホトバ日本語訳を決めたエンサーリ先生の置き土産だった。

エンサーリ先生には、着任したときから、東京ジャーミイのオリジナルでクルアーンの日本語訳を作るという野望があった。これを実現するには、底本をどうするか、協力してくれる研究者をどう探すかなど課題が多く、任期中には成就しなかった。

日本を離れたエンサーリ先生だが、野望を諦めず、トルコの宗教関係を司る宗務庁でクルアーン日本語訳の企画を通した。再スタートの号令が西田さんに下った。

新しいイマームも企画に賛成してくれるものの、物事の見積り方が非常にトルコ的である。「三か月くらいでできる?って言ったんです。できるわけがない」。

単純な時間数としてもっとかかるし、そもそも西田さんは収入を得るためのほかの翻訳もしなければならない。そこで西田さんが持ちかけたのが、翻訳にかかる期間だけでも、これだけに取り組めるように、掃除のような雑用でいいので、東京ジャーミイで仕事を割り振って雇ってくれないかという相談だった。専念すれば二年でできると見積もった。

ここで大切なのが、あくまでクルアーンの翻訳自体では対価を得ようとは考えていないことだ。

西田さんの理解では、宗教にまつわることでお金を得てはいけない。現に、この東京ジャーミイにトルコから派遣されているイマームも、宗教的指導者としての仕事を果たしているが、給与が発生するのは、それ以外に自身が専門とするアラビア語を教えるため、あるいは礼拝施設の維持管理のためということになっている。

こうして西田さんは職員になったのだが、そのタイミングでちょうど新館ができてスペースができるので、やりたいことはないかと言われた。そこで西田さんが思いついたのが書店だった。翻訳を進めるためにほしいけれど、自分では手が出しにくいような本が「業務で合法的に仕入れられるぞ」という目論みもあった。もともと本は好きだが、本屋は儲からないと聞く。それが家賃なしでできるなら、この機会にのらない手はない。

置かない本を決める

書店を思いついたのは「自分の欲望に従っただけ」と西田さんはおどけて言うが、モスクと書店という組み合わせは、ムスリムならすんなりイメージできることでもあった。

トルコ語にキュッリエ（külliye）という、複合体、コンプレックスを指す語がある。モスクがあれば人が集まり、水道が通る。水道が通れば浴場ができ、それなら床屋もほしいとなる。

モスクを中心にいろいろな施設が置かれる、キュッリエになるのは自然な発想なのだ。さらに「学者のインクは殉教者の血よりも尊い」という文言も伝えられているほど、ムスリムにとって書物は重要でもある。開店準備で本を並べている段階から、足を止めていく人が多く、期待を感じた。

店の屋号「キタプチ」は、トルコ語でずばり本屋を意味する。開店時に新聞記者に取材されてはじめて店名を決めていないことに気づき、とっさの思いつきで名付けた。

運営体制は、ジャーミイ全体の案内をする数人のスタッフが、本を買うお客さんが来ればレジにも立ち、気づいたときに品出しをするという、ほかの業務と掛け持ちのかたちだ。

仕入れは西田さんに任されているが、西田さん自身も出版や書店に関するノウハウはなく、ゼロからのスタート。「イスラーム」「アラブ」「中東」などをキーワードにして置きたい本をリサーチする。実際に書店に行ってみればわかるが、イスラーム関係の本といえば、井筒俊彦の本があり、時事的な中東情勢に関するものが並ぶ程度で、さほど多くはない。あるいは欲しいと思った本があっても、「品切れ・重版未定」で仕入れられないことも多かった。ただありがたいことに、契約した出版取次からは「月一冊でもかまわない」と言って融通を利かせてもらえた。

輸入書のほうは、最初は中古本で仕入れざるを得なかった。送料が無料になるオンラインストアを使って在庫を充実させていった。いま一番の輸入先はトルコで、英語、アラビア語の書籍も仕入れている。コロナ禍を受けて輸入書の比率は減ってしまい、いまは国内書が八割くらいを占める。

輸入書の柱であるトルコからの仕入れだが、日本の流通では考えられないようなトラブルもある。依頼したはずの本が届かないのだ。その一方で、誰も頼んでいないはずの本が勝手に送られてくることもしばしばある。ジャーミイのほかの職員に相談してみるが「届いた本を売ればいい」と言う。トルコの感覚ではふつうのことなのかもしれないが、振り回される西田さんは大変そうだ。

選書の基準はどうだろうか。面白いことに「むしろ何を置かないか」を決めたという。ポルノ本のほか、陰謀論やヘイト本など特定の集団を攻撃するようなものは、この場にはふさわしくない。しかしそれ以外なら、できるだけ置いて、総合的な書店にしたい。

西田さんが意識しているのは、銀座にある教文館。キリスト教書籍を中心に扱うが、一般書籍も充実し、特に「ナルニア国」と名づけられた絵本売り場は店の柱でもある。専門性をもちながら、広い読者を惹きつける書店として手本にしたい。

なお、教文館にはクルアーンも置いてあるらしい。西田さんはそれにならってキタプチにも聖書を置けたら、と野望を抱いている。残念ながらいまの規模ではほかのジャーミイの職員を説得できる状態にはないようだが、クルアーンを一から学ぶところから始めて、翻訳まで成し遂げた西田さんなので、この志もいつか果たされるのではないだろうか。

正しい場所に置かれた本

ニーズが高いのはビジュアル中心の本で、「気づいたら売れている」という。国内書か輸入書かを問わず、多少高い価格でも回転が早い。充実させたいと考えているジャンルだ。

最近の売り上げの中心を担っているのは、毎週のように東京ジャーミイで開催されるイベントや講座の際の販売だ。当初は、特にイベントと書店との連動というのは考えていたことではなかった。ただ、西田さん自身がイベントを企画したり、ほかの人が企画したものを情報共有したりするうちに、ここでやるなら本の販売も、と自然とできてきた体制だ。

たとえば、最近では定期的に催されているパレスチナ・デーというチャリティイベントに合わせて、パレスチナ関係の本を仕入れる。イベントを主催するのは別の宗教法人だが、東京ジャーミイで行うのなら、本をぜひ見てもらいたい。

次に控えているのはイエメン・デーのイベントだが、イエメン関係の本はなかなかない。最もポピュラーなのがコーヒー関係だろうか。

イベントと連動した本は、棚とは別にテーブルを通路側に出して、平積みにして一冊ずつがよく見えるように陳列する。玄関を入ってすぐなので、必ず目に入るようになっている。専門的な本だけでなく、概説的な一般読者向けのものも取り揃えている。

もちろん、講座の講師を務めてくれる先生の著書も欠かせない。講師の多くは、日本ではマイナーな分野を研究していると自覚している。だから講座を依頼すると、「専門の話を興味を持って聞きに来てくれるのは一体どんな人なのか」と不安を口にするという。それに対して西田さんは「ここに来る人はもともと興味のある人です、ぜひご自身が面白いと思っていることを話してください、とお伝えするんです」。

ふだんはアラブやイスラームに関係のない暮らしをしているけれど、興味はある。そういう人たちが、東京ジャーミイならそれに応えてくれると期待して来てくれるのは「掛け値なしに尊い」。

うれしいことに、最近では出版社のほうからキタプチに合いそうな新刊の情報を連絡してくれるようになってきた。出版社側としても、頻繁に出すジャンルではないからターゲットの情報は多いとは言えず、キタプチなら必要な人の手に届くと見込んでくれているのだろう。最近ひいきにしてくれているのが「エリア・スタディーズ」シリーズを刊行する明石書店さん。通算二百巻を数えるこのシリーズは、ひとつの国や地域の歴史や政治、経済、文化などを網羅的に扱う概説書だ。

平積みされたパレスチナ関係の本

店頭ではちょうど『パレスチナを知るための60章』『パレスチナ／イスラエルの〈いま〉を

知るための24章』が平積みしてあった。まさにここに来る人の関心に応える選書だ。

一般には馴染みの薄いジャンルの本でも、「正しい場所に置かれれば読まれる。ここがそういう本のための正しい場所になれる」という手ごたえを西田さんは感じている。

二〇二二年には、絵本・児童書の老舗出版社、福音館書店とコラボレーションを果たした。『いのちの木のあるところ』（新藤悦子作、佐竹美保絵、二〇二二年）は、トルコの世界遺産「ディヴリーの大モスクと治癒院」を巡る物語ということで、東京ジャーミイの講堂で講演会、そしてキタプチでサイン会を行った。さらに隣接する、トルコ政府運営のトルコ語教室「ユヌス・エムレインスティトゥート」内で複製原画展も催した。

福音館書店はキリスト教の本を扱う書店にルーツをもつ。そこと一緒にイベントができたのは「みんなと仲良くするのがわたしの仕事」と考える西田さんにとって快挙だ。

日本にあるからこそ、開かれたモスクを

一般向けにも積極的な運営が可能なのは、東京ジャーミイがモスクのなかでも、やや変わった性格だからこそのようだ。毎週のようにイベントを開催するのを見て「ほかのモスクからは、またジャーミイはおかしなことやってる、と言われている」そうだ。

東京ジャーミイは礼拝堂でありつつ、一階のトルコ文化センターは「共有の文化スペース」であることを西田さんは強調する。このバランス感覚が成り立つのは、東京ジャーミイを支え

るのがトルコだからのようだ。

トルコはムスリムが多い国ながら、政教分離を厳格に運用してきた。信徒がやや肩身の狭い思いをした時期もあったが、一方で、ほかのイスラーム国家に比べると、法律や慣習としてイスラームが持ち出される程度が低く、信仰が個人の領域として尊重される面にもつながっている。

たとえばトルコだと、家族の間であっても、礼拝をしなさいなどと言うことはマナー違反とされる。神様とのことはその人が自身で考えることであり、他人が口をはさむべきではないという感覚だ。

一線を越えない限り、お互いのやることは尊重し、世俗のこととも折り合いをつけていく。トルコのそうした文化が東京ジャーミイの運営にも反映されているということだ。

美しいモスクの見学が可能ということもあって、訪れるのは海外からの人も含めて観光客が多い。あるいは、学校の社会科見学先として選んでもらうことも増えた。異文化理解を深められる場として、とらえてもらえている証拠だろう。そういう場所だから、「総合的な本屋さん」になりたい。

専門書店として、クルアーン朗読の教則本やイスラーム神学の解説書も並べる。それと同時に、たとえば増えるインバウンド需要に応えた品揃えにしている。英語で書かれた東京、京都など定番の観光地のガイドブックのほか、桜の名所紹介といったテーマを絞ったものも好評だ。

おみやげとして最適なのか、実際の折り紙が付録になっている教則本も売れ筋だ。

ムスリムではない日本人がイスラーム関連の本を買う。そのとき隣で東京のガイドブックを選んでいるのが、インドネシアから観光に来たムスリムだった。仰々しく「多文化共生」など言わずとも、そんな情景が広がる空間を西田さんは思い描いている。

ここにこそあるべき本をつくる

西田さんの翻訳業に話を戻すと、二〇二二年に「クルアーン　日本語読解」が完成した。翻訳に専念したいと思いつつ、ほかの雑務もあり三年かかった。

この日本語訳は今後の改訂も見すえてＰＤＦでの公開にしたが、西田さんやスタッフが翻訳したほかの成果物は、紙の書籍や冊子にしてキタプチに置いている。

継続的に充実させてきたのが、トルコ語の絵本から訳した「アッラーのすてきな名前」シリーズだ。

アッラーはクルアーンではいくつもの名前で示されており、それぞれの名前はアッラーの特質を示している。たとえば「ハーリク」は「創造する」、「ラフマーン」なら「慈悲深い」、「ワドゥードゥ」は「愛情深い」といった性質だ。この絵本シリーズは、一冊につき、一つの名を取り上げる。それぞれ異なる主人公が登場し、身近な題材のお話を通じて、アッラーの名とそれが表す神のみわざ、すなわちイスラームへの理解を深められるようになっている。

制作のきっかけになったのは、四歳から六歳の子ども向けの講座を担当するスタッフに相談されたことだった。読み聞かせをしたいが、日本語でぴったりの絵本がない。幸い、トルコ語でならよい絵本があるので、それなら自分たちで翻訳して作ろうと企画した。キタプチで販売できれば一石二鳥だ。

講座担当のスタッフ自身が、トルコ人の親をもった日本育ち、さらにトルコの大学で学んだという適任者なのでトルコ語から日本語に翻訳し、西田さんは日本語をチェックする。小学校低学年ならひとりでも読める、やさしい日本語訳を意識した。このチーム体制がうまくいき、このシリーズは二〇タイトル以上がそろっている。

西田さん自身がかかわったものでなくても、イスラーム関連の本を翻訳したい、翻訳したから印刷所を探したい、という相談が舞い込んでくるようになってきている。キタプチなら翻訳したものを置いてもらえるという期待が広がっているのだ。

「やっぱり手に取れる場所があるのは大事なんですね」

この状況を西田さんは「同人誌の即売会」にたとえる。見返りは自己の満足感だけ、それでも自立的に取り組む姿が重なる。なにより、マスのマーケットには乗らないが、確実に必要としてくれる人に届けられる点が重要だろう。

頼まれて翻訳を手がけるようになり、場所ができたからといって書店を始めた。あらすじだ

絵本「アッラーのすてきな名前」シリーズ

東京ジャーミイ出版会で発行した
『イスラームの学び方：ガザーリー
『若人よ（Ayyuhā al-Walad）』訳註』も店頭に並ぶ

けを記すと能動的な印象は受けないが、それは西田さんが自分の意志よりも「導き」を大切にしているからかもしれない。

実際には、アラビア語を学び、翻訳のためにトルコの宗務庁や版権所有者と交渉し、イベントを企画しつつ本を仕入れるといった労力を積み重ねてきている。前例はないので、常に自分で工夫をしなければならない。大変そうだが、「モスクという場所でこの仕事をやるならどういう意味がつくのか。その文脈をつくるのが楽しい」と、西田さんにはそれこそが仕事の魅力なのだ。

また、前例は直接参照できるものとしてはないが、歴史を振り返ると、ここは一九三五年に設立され、日本で初めてアラビア語のクルアーンを印刷した東京回教印刷所があった場所でもある。

「百年くらい間が空いちゃったけど、同じように本を作ろうと思ったムスリムたちはいた。自分がそれをいまリストアしているんだと思っています」

今後、似たようなことをやる人がいれば、その役に立つはずだと考えている。

コロナ禍で書店の規模を縮小してしまったので、もう少し大きくしたい。イベント中心の仕入れになっているが、それとは別に品揃えの充実を図りたい。いま力を入れたいのは絵本だ。やりたいことや課題は山積だという。

ジャーミイには「集まる」という意味がある。ここにこそあるべき本を並べる。あるべき本がまだないのであれば、自分たちで作る。そうするうちに、同じ思いをもった人たちが集まってくる。未来へと続く水脈を、西田さんはいま通しているところなのだ。

おすすめの本

アラビア語学習者におすすめの本

・松山洋平『第二外国語で学ぶアラビア語入門』（名古屋外国語大学出版会、二〇二〇年）

トルコ文化センターでアラビア語?と思うかもしれないが、「日本の大偉人・井筒俊彦もかつてはこの場所（旧東京回教寺院）で知己を得たタタール人からアラビア語の手ほどきを受けたという歴史的経緯があるのでよしとしてください」。アラビア語の敷居を下げてくれる工夫のある、ほどよさが心地よい入門書。

いま一押しの本

・バシール・バシール／アモス・ゴールドバーグ編『ホロコーストとナクバ―歴史とトラウマについての新たな話法』小森謙一郎訳（水声社、二〇二三年）

「入門書」とは言えないかもしれないが、パレスチナ－イスラエルのイシューを「彼らの問題」としてではなく、〈国際社会の一員として、人類史の文脈の中で〉捉えるために、西田さんが「本当に多くの人に手にとってもらいたい」と思う本。「圧倒的な物理的暴力を目の前に揺らぎそうな言葉の力への信頼を取り戻すのを助けてくれました」

書店を開きたいと思っている人におすすめの本

・ヘンリー・ヒッチングズ編『この星の忘れられない本屋の話』浅尾敦則訳（ポプラ社、二〇一七年）

「本屋に行って本を求め、求めた本の中でも本屋に行こうというのだから本の虫ってどうしようもないですね。でも本からしか得られない栄養で生きているのが本の虫なので、そこは大目に見てもらってささやかに生きていきたい。本の虫の棲息地である「本屋さん」に幸あれ」

編集部のお買い上げ⑥

［内山書店］まだ見ぬアジアを求めて

中国語の資料を探してウロウロしているうちに、気づくと全然関係ない本を手にレジに向かっている。内山書店にはそんな魔力があって、この『旅のコマンドー［アジア編］』もそうやって仕事の昼休みに購入したものだ。

海外生活九年、もはや旅が人生だと豪語する著者の「約四コマ漫画」。二十以上の国・地域での人との出会い、ローカルな食事、トラブルや失敗など、細かい話がすごく楽しい。アジア旅初級レベルの私でも、「たしかにこんなことあるよね」と思えるエピソードが詰まっている。バックパッカー御用達の便利グッズやちょっとした旅の技などは実用的で勉強になるし、日常風景のなかにその土地の価値観や哲学が表れているものもあって、なかなか考えさせられた。

伝統ある内山書店の店内には、いつも静謐な空気が漂っている一方で、どことなくゆるいアジアの空気みたいなものが感じられる気がする。だから、こんな一冊も違和感なく溶け込んでいて、棚を眺めるのはいつも楽しい。

（R）

金承福（キム・スンボク）
株式会社クオン代表。一般社団法人K-BOOK振興会専務理事。二〇〇七年に韓国語書籍専門店「CHEKCCORI（チェッコリ）」をオープン。

書店の語学参考書のコーナーに行ってみると、まず目に入るのはもちろん英語の本だ。次に大きなスペースを占めている言語は、中国語か、もしかすると韓国語が同じくらいかもしれない。

次に外国文学のコーナーに足を向けると、新刊や好評本として並べられているものは、韓国の作家のものが目立つことに気づくだろう。たとえば、この二〇二四年に本屋大賞の翻訳小説部門の一位に輝いたのは、ファン・ボルム『ようこそ、ヒュナム洞書店へ』（牧野美加訳、集英社）だ。ドラマや音楽といった、ポップカルチャーの流行を受けて、韓国語の学習者は増え、韓国文学も、海外文学好きだけに留まらない読者を獲得している。

日本の出版界での「韓国」の存在感を高めた立役者が、キム・スンボクさんが代表を務める出版社のクオンだ。クオンは二〇〇七年に設立、韓国の本の版権仲介の事業から始まった。二〇一一年からは自社で出版を手がけるようになった。その当時、日本で韓国語から翻訳出版される本は年間でわずか二十冊ほどだった。それが二〇二三年では、クオンが版権仲介を行ったものだけで二十点に上っている。

その後も、K－BOOK振興会を設立して、キムさんは韓国の本を広めるためのさまざまな活動を主導してきた。「日本語で読みたい韓国の本 翻訳コンクール」では新しい翻訳志望者を発掘している。先に挙げた『ようこそ、ヒュナム洞書店へ』の訳者、牧野美加さんは第一回の最優秀賞受賞者だ。韓国関係の本の販売をメインに数多くのイベントを行う「K－BOOKフェスティバル」では、二日間のイベントに出版社三十五社が出展、連動した書店でのフェアには九十店舗が参加する規模になっている。

そのキムさんが、クオンが運営する書店として二〇一五年に開いたのが、韓国語専門の書店チェッコリだ。自社の本だけを扱うのかというとそうではなく、他社の本ももちろん扱うし、むしろメインは韓国語の原書だ。

チェッコリは書店でありながら本を販売することだけを目的にしていない。キムさんの話を聞くと、そもそものスタートとして「お店」というより、集いつながるための「場」をつくることを考えていたように思える。単に本を届けるに留まらないこの場所が、どのようにつくられてきたのかを見ていきたい。

偶然にやってきた日本を満喫する

キム・スンボクさんは韓国の出身。日本に来た経緯から教えてもらった。

キムさんの世代は、中学生から高校生の頃に日本の歌謡曲や香港映画などが入ってきて、外国の文化に慣れ親しんできた。五輪真弓の「恋人よ」を上手に歌う同級生もいたそうだ。

一九八八年にはソウルオリンピックが開催され、翌年に海外旅行が自由化。通っていたソウル芸術大学では、海外に行って見聞を広めた先輩も多く、その刺激を受けてキムさん自身も留学したいと考えるようになった。

最初に考えたのはイギリス留学だが、父親から遠いと反対された。それなら隣の国だからという理由だけで、日本を留学先に選んだ。行先として「日本にこだわりはなかったですね」ということで、偶然の結果だった。

最初の一年を学習院大学で過ごした後、「日芸」の略称で知られる日本大学芸術学部に移った。ソウル芸大では詩の創作を学んできたので、今度は角度を変えてみたいと、文芸学科で評論を専攻することにした。

日芸での日々はどうだったかを尋ねると、「最高」のひと言でキムさんは返してくれた。文芸学科というと、文学作品が対象かという印象も受けるが、学部としては芸術学部ということで、美術や写真、映像なども批評し、また、ほかの分野の学生と交流し、作品を鑑賞できる。

「毎日のように友だちと展示会に行ったり、演劇を見に行ったりしました。勉強だけど、楽しい」

二〇代前半のこのときに、さまざまな作品やひとから受けた刺激が、いまの自分の一部をつくってきたとキムさんは感じている。それは基本的には、目に見えるものとしてどれとは言えないが、なかには現在のキムさんの事業に直接つながっている出会いもあった。

当時、日芸で講師として教えていた小説家の中沢けいさんとの出会いだ。中沢さんは韓国の作家たちと交流をもっており、それがキムさんが韓国の大学で学んだときの先生たちでもあったので、すぐに親しくなった。韓国語を学びたいという中沢さんに、キムさんが自分のアパートで教えることにもなった。

この縁は現在まで続いており、K-BOOK振興会では理事長を中沢さんに引き受けてもらっている。「いまわたしが何かをやるときにいちばん頼りにしています。わたしにとってお姉さんであり、先生」と語る。

ほんとうに自分がしたい仕事

充実した留学生活を送ったキムさんだが、就職を考える頃に大きな経済危機が韓国に訪れた。一九九七年からのアジア通貨危機だ。企業の倒産、株価や為替の暴落、そして失業者の増加。この状況では韓国で就職先は到底見つかりそうにないと見て、キムさんは日本で働く道を選び、広告会社に就職した。

キムさんはここで韓国のコンテンツを紹介するポータルサイトのディレクションに携わる。企画から始まり、芸能人やスポーツ選手を取材して記事を作成し、韓国の記事も翻訳して載せ、サイトを運営する。媒体こそちがうが、出版社の仕事、特に雑誌の制作に近いようだ。

二年後に会社がこのポータルサイト制作から撤退することになり、キムさんは事業を引き継ぐかたちで独立した。しばらくしてまたキムさんを金融危機が襲う。二〇〇七年からのアメリカの金融破綻、そして翌年のリーマン・ショックだ。ウェブサイトの制作を依頼してくれるクライアントがどんどん減っていってしまった。

「仕事が減って、でもスタッフは当時で八人くらいいて、これは困るなと。自分自身の人生も揺れるわけです」

そこでたどり着いた結論が、これからは自分がしたい仕事をすることだった。その仕事こそ出版社クオンの立ち上げだ。韓国でも日本でも、大学で文学や評論を専攻した。本はキムさんに欠かせないものだ。

広告会社は、コンテンツを制作もするが、それはクライアントから発注があってこそのものになる。関わるお金も人も、規模が大きい。自分でコントロールできる部分は限られているし、必ずしもよい内容だからといって受け入れてもらえるわけでもない。

それに比べて出版は、「自分が好きなものだし、少しその世界がわかっているもの。自分がリードして仕事ができるんじゃないかな」と思えた。

経営的な観点では、「本は売れるんだな、という間違った情報がインプットされていました」と笑う。クオンを立ち上げる以前に、キムさんは自らが著者になって、韓国ドラマの名シーンのセリフを使って韓国語を学習する本を出版していた。日本で韓国ドラマ人気が盛り上がった時期でもあり、この本がよく売れたのだ。

常に韓国の本の動向はチェックしていた。起業時、翻訳して出したい韓国の本のリストはすでにあった。しかしすぐにそれを刊行することはせず、翻訳権の仲介エージェント業を行った。まずは日本の出版業界でのノウハウや人脈を作ることが重要と考えたからだ。

そして二〇一一年に最初の出版物として、ハン・ガン『菜食主義者』(きむ ふな訳)を刊行した。これを選んだのはキムさん自身が、文体に惹かれたからだった。この作品は、日本語版の刊行後に、英語版が世界的な文学賞である国際ブッカー賞を受賞した。国を越えて読まれる作品を、クオンから出せたのだ。

絵に描いた書店を現実に

この二〇一一年頃からすでに、自分たちの本屋をもちたいというアイデアはキムさんのなかで温められていた。チェッコリの立ち上げから関わり、いまは宣伝とイベント運営の中核を担う佐々木静代さんが証言する。佐々木さんがキムさんと最初に出会ったのは二〇一一年で、クオンで翻訳書が出た作家を取材したときだった。

「その少し後に会ったときにはもう、こんなブックカフェをやりたいといってイメージイラストをもっていたんですよ」

佐々木さんは、フリーペーパーやウェブサイトの編集の仕事に携わってきた、宣伝のプロフェッショナルだ。それを見込んだキムさんが、チェッコリ開業が具体化してきた際に、一緒に店をやってほしいと声をかけた。ちょうど佐々木さんは、ドラマを入口に韓国に熱中し、韓国に関係する仕事をしたいとフリーランスになっており、それを知ったキムさんから誘われたかたちだ。佐々木さんもキムさんと同じで「好きなことを仕事にする」ことを選んでいたのだ。

「あのとき見たイラストにあったブックカフェを、このひとは実現しちゃうんだ、すごいなと。それでふたつ返事で引き受けました」

このとき、キムさんがクオンの運営というかたちで書店をもちたいと考えたのには、いくつかのねらいがあった。

まずは版権仲介の観点で、ここを韓国の本の翻訳書のショールームとすること。他社の編集者と打ち合わせをするときに、場所をチェッコリに設定する。クオンが刊行したものや韓国の原書を店に置いておけば、考えている企画の著者や訳者のほかの本をすぐに見せることができる。

次に、これがチェッコリの大きな特徴になっているのだが、イベント会場としての役割だ。クオンが本を出版する際には、作家を招いたトークイベントなどを開催していた。その際に不便なのが、イベントの度に会場の都合にあわせて日程などを調整しなければならないことだった。それなら自分たちで場所をもっていればいいのでは、とキムさんは考えたわけだ。

そしてもちろん、書店なので本を届けるという役割も根本にある。クオンの出版物を中心に、韓国関係の翻訳書を並べるのはもちろんだが、メインは韓国語の原書を取り扱う書店として立ち上げた。キムさんとしては、韓国語の学習者が増えている実感はあったし、それであれば原書で読みたいという需要も十分あるはず、という見込みがあった。それに応える書店にしたい。

まず、本を届けるという役割がどのように果たされているか、見てみよう。

みんなでつくる本屋

書店の構想が具体化することになったものの、一方で前例はなく、キムさんにも佐々木さんにも、そしてほかのスタッフにも小売店舗の運営の経験はなかったので、一から調べてのスタートだった。

日々の売上のレジ精算はどうやるか、レシートの費目はどう記すべきか、そもそもレジシステムはどんなものを使えばよいのか。ほかの店を訪ねたりして検討を重ねた。

レジシステムの導入については、税理士の資格を持つクオンの顧問に相談したところ、「八百屋さんみたいに、入口のところにかごを下げて置いて、そこにお金を入れてもらえばいい、と言われたんです」。いまやまったくの笑い話だが、韓国語専門書店など前例がなく、それだけ商売のイメージが湧かないことだったのだろう。

広告と宣伝のプロフェッショナルのキムさんと佐々木さんならではだと思うのが、その準備過程から、未来のお客さんに向けて発信していったことだ。内装工事の様子や、参考にするためにほかの書店を訪れたことなどをＳＮＳに投稿していった。開店準備の様子を見せることで、期待を高めてもらいたい、応援してもらいたい。これは功を奏したようで、開店前から様子を見に来てくれるひとがいたという。

二〇一五年七月、ブックカフェとしてチェッコリはオープンした。

メインの店頭スタッフは五人で、面白いのはそれぞれが日替わりで店長を担っているというしくみだ。そしてチェッコリの場合は各店長が仕入れる本を選書できるようになっている。もちろん、韓国のベストセラーランキングなどはチェックするが、店長たちには「小説、エッセイ、人文書、絵本とか、みんながそれぞれ関心のあるジャンルがある」。なのでそれぞれのアンテナを生かしてもらっての仕入れをしているということだ。

ディスプレイの仕方も、店長たちで工夫と相談を重ねながら徐々にいまのかたちになっていったという。現在はカフェは休止しており、そのスペースまで本棚を広げたので、ゆったりとした陳列ができている。以前は棚差しでぎっしりと本を入れがちだったのを、本の点数はあまり変えずに、面陳を増やした。韓国の本の装丁は、ハングルのタイポグラフィを効果的に生かしたものなど、目を引くデザインも多いので、この配置はお客さんに好評だ。より見やすく、印象的な本が目に留まりやすいようにと考えていった結果だ。

取り扱う本の魅力は、メールマガジンとSNSを活用して紹介している。それぞれ数千人の登録者がいて、そのお客さんたちに直に情報を届けられるツールとして重宝している。なんと、最初はショップカードに手書きで名前とメールアドレスを記入してもらい、それをコツコツと貯めて登録者を増やしていったという。

メールマガジンでも、店長やクオンと兼務してかかわるスタッフそれぞれの色が反映されている。キムさんには本のあらすじを単に記すのではなく、「紹介するひとにとってのその本との関わりとか、ストーリー性をもって紹介しよう」という考えがあった。それを受けて、店長やスタッフの名前を記した「……のおすすめ」として、自分自身の印象などを含めた紹介の仕方になっている。思い入れのある紹介はやはり伝わるようで「メルマガで紹介するとやはり店頭でも反応がありますね」と佐々木さんは感じている。

店頭に来るのはどのようなお客さんが多いのだろう。

本屋に関する著作が多いライターの石橋毅史さんが、チェッコリを取材した記事で「ここは珍しい店だ」と記したのだそうだ。ふつうの書店とちがって、チェッコリでは店員とお客さんとが会話をしている、という意味だ。

開店当初は、お客さんになるのは韓国語のレベルがある程度高く、原書を読みたいという層ではないかと予想をしていた。それが実際には「勉強してきてちょっとは読めるようになったから、教材ではなくて、本を読んでみたい」という動機のお客さんが多かった。どの本なら読めるだろうとやって来るお客さんに対して、チェッコリのスタッフはどのくらい勉強をしてきたのかを聞き、それならこの本はどうかとおすすめの本を選んでくれる。コンパクトな店内で距離感が近い雰囲気がいいのか、お客さんからも質問してきてくれる。こうして会話が弾むお店になっている。

もちろん、自分で棚を眺めて探すのも楽しい。その場合は棚に付けられたラベルを見てほしい。「小説」や「エッセイ」のような大きなジャンル分けに留まらず、独自のラベル付けが具体的でわかりやすい。「韓国語初心者にぴったり」は学習者にはありがたい。「心を癒すことばたち」「本屋さんが書いた本たち」のような、テーマの切り口が面白いラベルもある。これもお客さんのニーズや反応を見ながら、自然とできあがった方法だという。

一方で、最近はお客さんの情報収集能力が高く、逆に教えてもらうことも多い。際立っているのがアイドルや歌手のファンの動きだ。自分の好きなアイドルがある本を紹介したとなると、それをすぐに買おうとチェッコリに来てくれる。

佐々木さんの感覚としては、いままで特に知られていなかった本に「同じ日に三人から注文が入ったら、それはバズった影響」だ。

棚に付けられたラベルがわかりやすい

すべての話題の本の情報を追えるわけではないので、こうしたお客さんの反応があれば、「バズった」もとの情報、つまりＳＮＳで急速に広がっている投稿を調べ、仕入れ数に反映する。

曜日替わりの店長がいるように、チェッコリは代表のキムさんが強いイニシアチブを取るのではない。選書、ＳＮＳの運用、ディスプレイ、接客しての本の紹介と、みんなで取り組む。そのベースにあるのはお客さんからの情報や刺激だ。その意味で、お客さんもお店をつくる仲間でもあると言えそうだ。

イベントにかける思い

韓国文学の勢いは年々伸びているし、活気のある店なのでやはり売上も伸びているのではと思うが、意外なことに「不思議なことに、本の売上自体はほとんどずっと変わりません」。

しかし、会社全体での収益は伸びている。それはチェッコリのもうひとつの柱、イベントでの収入が増えているからだ。

多くの出版社がイベントを行う際には、新刊のプロモーションの意味合いが強い。そのため参加費は無料ということも少なくない。チェッコリの場合は、はじめから収益化する前提でイベントを企画運営していこうと考えていた。もちろん刊行記念のトークイベントなど、本に関するテーマが多いが、それ以外にも食やドラマ、歴史など、韓国関連なら幅広いジャンルで企画している。現在まで、年間約八十回、多い年では百回という驚異的な頻度で行っている。

コロナ禍のときにオンラインイベントが急速に普及し、現在は会場に加えてオンライン参加、さらに見逃し配信が可能になったので、参加者枠を増やせたのは大きい。一方で、誰でもオンラインイベントがしやすくなり会場をもっているメリットが薄まってしまった。数あるなかで、いかに自分たちのイベントに興味をもってもらうか、その差別化をすることは課題だ。

このようにチェッコリがイベントを重視するのに、キムさんがコンセプトの面でモデルとした書店があるという。朴聖焌（パク・ソンジュン）さんが開いたギルダム書院だ。韓国の国務総理を務めた韓明淑（ハン・ミョンスク）さんの夫で、軍事政権時代に獄中生活を送り、牧師となった人物だ。

ギルダム書院は「お互いに教え合う本屋」をコンセプトにしている。講師を招いて何かを学ぶのではなく、集まったひとが、自分が学んだことをほかのひとに教え、教わるという考え方だ。この店をキムさんは訪れて、自分も同じような店を考えていると話すと、「いますぐにやりなさい、と言われました」。

それをチェッコリで実現したということになる。ただし、キムさんは「えらい先生が来て教えるというのじゃなくて、先に学んだひとが教えるというようにしたいんだけど、なぜかえらい先生ばっかり来ちゃってる」と苦笑いをする。

とはいえ、チェッコリのイベントのプログラムを見ると、トークイベントのように、登壇者が話すことが中心のものももちろんあるが、読書会や詩の朗読、ワークショップなど、参加者が体験するものもある。「お互いに教え合う」から遠いわけではないように感じる。

イベントに対して、キムさんはもうひとつ考えをもっているのだが、それが興味深い。あるインタビューに答えて「書籍だけが〝本〟だとは思わない。一時間のトークイベントに参加したら、それも一冊の本を読むのと同じくらい充実した体験だと思う」と語っている。

キムさんは文学を学んできたし、本を愛するひとだ。それでも「みんな本と本屋に対する自負心が強すぎるんじゃないかな」と釘を刺す。書かれたテキストは、それとして形をもつよさがある。一方で、目の前で実際のひとが語ることで、ことばがうまいということではなく、一生懸命伝えようとする気持ちがひしひしと伝わってくる。

「そういう体験は本では味わえない。このためにわたしたちはイベントをやっているんだなと思うんですね。だから止められない」

それは主催する側の独りよがりではなく、お客さんにも伝わっている。イベントが終了しても、参加者はなかなか帰ろうとしない。「するとどうなるかというと、打ち上げに行こうとなるわけですよ。いつも大人数で入れる中華屋さんです」。イベント後の興奮をみんなで共有する場は欠かせない。

こちらからお客さんにアプローチする

店の柱であるイベントの企画、運営の中心を担っているのは佐々木さんだ。イベントの多くで司会進行も務め、「ささきの部屋」と題してゲストを招いて対談するシリーズイベントは、三十五回を数えている。司会・座談の名手だ。

これだけ数多くのイベントをしかけるのに、着想源はどうしているのだろうか。まずはクオンの新刊をつくるなかでアイデアが出てくる。もうひとつは、他の出版社の韓国関連の新刊の情報が刺激になっている。本が面白そうであれば、イベントで著者や訳者に話してもらいたい。「自分も話を聞いてみたい」というのが最大の動機だ。

これは裏返せば、「わたしの好みに偏りがち」だとも自覚している。なのでほかのひとの積極的な企画提案はうれしい。もちろん「イベント企画の持ち込みも大歓迎です」とのこと。実際、他の出版社の新刊に関連してのイベントは多い。

これまで運営してきた手ごたえとしてはどうだろうか。佐々木さんはイベントは「お客さんとつながれる大きな武器」だと表現してくれた。本を紹介する、販売するとなると、もともと読書が好きなひとや、その本に興味があるひと以外には届けづらい。よほど著名な作家のものやベストセラーでない限り、一店舗でひとつの本を数十冊売ることは難しいが、イベントは内容に興味をもってもらえれば、三、四十人に参加してもらえることも多い。テーマによっては、ふだん来店する層とはまったくちがう参加者も集まる。なので多種多様なジャンルの企画を考えたい。

参加側からすると、一、二時間で話を聞いてエッセンスを得られる手軽さがある。そこから興味を深めて本を読もう、となる場合もある。イベントは、本だけでは届かない読者、お客さんにつながるきっかけになるのだ。

「こんなにやっているんだから、イベントじゃなくて日常です」とは言い得て妙だ。これだけ充実したプログラムなので、読者がつながる場にするという目標は達成できたように思えるが、キムさんの気持ちはそうではない。達成すべき目標というものではなく、「これが基本。このかたちであり続ける」という考えなのだ。

七十八%で余裕をもつ、楽しくやる

チェッコリは来年の二〇二五年で十年目を迎える。クオンやチェッコリと並行して立ち上げたK-BOOK振興会として始めた「日本語で読みたい韓国の本　翻訳コンクール」は第八回、

K－BOOKフェスティバルは六回目と、それぞれ回数を重ねてきた。クオンだけで翻訳出版しても、書店で韓国文学の棚ができるほどにはならない。よいものがあれば、多くの出版社が扱うほうが、棚は豊かになる。そういう考えのもとで「その都度必要だと思うこと、もっと面白くできること」をやってきた。

面白いことがあればやってみようは、キムさんだけでなくみんなの合言葉でもあるようだ。「いつもなにか面白いことある？と話してます」。次は何をしかけようかと考えていると、不思議なことに「向こうから歩いてくる」こともある。

クオンとチェッコリでは「文学で旅する韓国」というツアー企画を行ってきた。二〇一九年は大邱《テグ》を目的地に選び、そこでいくつか書店を回りたいと考えていた。すると思いがけず、大邱で書店をやっているというひとから連絡が来た。機会が向こうからやってきたのだ。常にやりたいことのアンテナを張っているからこそ、ヒントになる情報が来たときにすぐ反応できるということかもしれない。

面白いことを続けていくための心がけとして、キムさんが表現することばにまた意表を突かれる。「スタッフのみんなには百パーセントのサービスを目指すなと言っています」。もちろん、手を抜くということではない。

チェッコリはお客さんと店員が話しながら本を選べる。イベントも一緒に楽しむ。単にお客さんにものを売る場所ではなく、「お客さんもわたしたちもこの空間を楽しもう、そういうコミュニティの場だよ、としたいんです」。

店員は完璧なサービスを心がけよ、と厳密に、丁寧になるほど、お客さんとの距離は縮まらないのではないか。常に緊張して働くのでは、自分たちも疲弊してしまう。そういう考えだ。だから「七十八パーセントでいい」。

キムさんのことばの意図を佐々木さんが経験に即して補ってくれた。お客さんはいつ来るかわからないし、どんな質問をしてくるかは分からない。常に自分で思うようにコントロールできることばかりではない仕事だ。予測できないことにも応える余裕がないと、仕事がきつく感じてしまう。店員が仕事を楽しめなくなれば、お店の雰囲気も変わってしまう。このゆとりをもつという意味が、「七十八パーセント」に込められているようだ。

次に取り組みたい「面白いこと」はもう具体的にあるのか、聞いてみた。

韓国語の原書を置いている書店はほかにはなく、それを十年近く続けてきた蓄積があるのが、チェッコリの強みだ。そのノウハウを生かして「韓国の本を置きたいところはお手伝いしますよ。選書もしますし、取り寄せの仲介もできます」とのことだ。韓国語学習者は増えているのでビジネスチャンスだとキムさんは強く勧めてくれた。

イベントについても、さらに幅を広げたい。これまでは本を中心にしたイベントだった。しかし韓国にはほかのジャンルでも魅力的なコンテンツはまだまだある。映画の上映や美術作品の展示などをやってみたい。それぞれ好きなひとがいるはずだが、そのひとたちが集まり、つながる場所がないので、チェッコリがその場になりたい。

こうしたイベントを行うにはいまの場所では足りない。この場所でまだできることを試しつつ、よりよい場所があれば移転することも目指す。そのときには、いまの店舗のように狭い階段を三階まで上らないといけない物件ではなく、だれしもが来やすいバリアフリーなところを探そうと考えている。

「この空間で十年近くやってきました。その経験を生かせばまた友だちになれるひとがいるはず。チェッコリがもうちょっと強くなれる機会かなと、計画中です」

おすすめの本

韓国語学習者におすすめの本

・ロバート・ファウザー『僕はなぜ一生外国語を学ぶのか』（稲川右樹訳、クオン、二〇二三年）

ソウル大学国語教育科初の外国人教授となった著者は、アメリカ生まれアメリカ育ちで母語は英語。十六歳で日本にホームステイしたことをきっかけに外国で「言葉が通じる」喜びに目覚める。その後はスペイン語に始まり、本格的に日本語を学ぶ中で韓国語とも出会い、日本語と韓国語は仕事として使えるほど。学んだ言語は他にもドイツ語、フランス語、エスペラント語、さらにイタリア語も絶賛勉強中だそうだ。そんなファウザーさんが韓国語で書いた本の翻訳。韓国語はもちろんのこと、外国語を学ぶ、楽しむという基本のノウハウを自身の体験をもとに綴り、「与えられた環境で自分なりの学習法を見つけて、読解と会話、聴解などを身につけ、自ら学習法を探して勉強した経験こそ」が重要だと教えてくれる。

いま一押しの本

・斎藤真理子『韓国文学の中心にあるもの』（イーストプレス、二〇二二年）
日本で読める韓国文学を数多く紹介する素晴らしい読書ガイドでもありながら、韓国の歴史、社会、そして大きくそこに影響を与えてきた日本との関係など、幅広く学ぶこともできる稀有な作品。本書のまえがきに書かれている斎藤真理子さんからの言葉「韓国で書かれた小説や詩を集中的に読む人々の出現は、ここに、今の日本が求めている何かが塊としてあるようだと思わせた」に大きくうなずいたというキムさん。この一冊を手に多くの韓国文学の世界を堪能してほしい。

書店を開きたいと思っている人におすすめの本

・山下賢二『ガケ書房の頃 完全版─そしてホホホ座へ』（ちくま文庫、二〇二一年）
京都の人気書店「ホホホ座」の店主、山下賢二さんが、その前身「ガケ書房」を開店したのは二〇〇四

年のこと。店はユニークな外観も手伝い訪れる人も多く、さらには作家の吉本ばなな、いしいしんじ、ミュージシャンの小沢健二など、多くの著名人たちも愛した店だったが、「なんとしてでも、ガケ書房を続けたかったのだ」と思う気持ちとは裏腹に二〇一五年十一月にその幕を閉じた。その十数年にわたる書店経営の奮闘ぶりを綴る『ガケ書房の頃に』（夏葉社、二〇一六年）に加え、現在の店「ホホホ座」へ発展したその後の物語とともに、書店を営むさまざまな葛藤と思いが綴られている。初版の『ガケ書房の頃に』はキムさんの翻訳で『서점의 일생（書店の一生）』として韓国語に翻訳出版され、韓国でも書店を開きたいと思う人々に勇気を与えている。

編集部のお買い上げ⑦

［東方書店］激動後の日常に思いを馳せて

今年こそは香港に行くぞと決意を固め、香港本をちらほら買い集めていたところ、金ピカの箔がまばゆい同人誌『香港の建物』を発見。イギリス統治時代の建築とその歴史がコンパクトにまとまっていて、思わず一気読みしてしまった。図解もわかりやすいし、年表やコラムも驚くほど充実している。

続いて購入したのは『香港残響　危機の時代のポピュラー文化』。二〇一九年以降のデモのなかで象徴的に用いられたことばや歌、ＳＮＳでの広がりなどから社会の変化を読み解く一冊である。政治の話になるとどうしても気分が沈むが、香港に興味を向けるなら避けては通れないこの数年の出来事を、この本で振り返ってみたい。

東方書店には、スタッフもお客さんも、中華圏へのまっすぐな関心をもった人たちが集まっている気がする。顕著なのが同人誌の棚で、作り手の「好き」が溢れんばかりだ。新刊や定番からニッチな趣味の本までジャンルレスに応援してくれる、そんな本屋さんである。（R）

編集部のお買い上げ⑧

［キタプチ］そこに暮らすひとりひとり

キタプチを訪れたのは金曜日の午後だった。金曜礼拝が終わって間もない時間帯のためか、建物内には多くの人が「アッサラームアライクム」の挨拶を交わして談笑していた。

キタプチの平台にはパレスチナ関連の本が並べられていた。色とりどりのお菓子をぎっしり並べたおじさんを写した表紙に目が留まって『パレスチナのちいさないとなみ』を手に取った。オリーブ拾い、コーヒー屋台、荷運びなど、さまざまな小商いで生計を立てる人々の姿は生き生きとしている。同時に、人気のトウモロコシ屋台を引くふたりが帰る先が難民キャンプであるように、生活が常に戦争と一体であることを思わずにいられない。

自分の関心や想像力の乏しさの言い訳をするようだが、さまざまな境遇の人が、そしてそれに思いを寄せる人がいることを、実際の声や姿を目の当たりにすることでようやく実感できる。しかしだからこそ、自分に縁遠いモスクに本屋があることが、いかに貴重なのかも感じている。ここだからこその本との出会いを噛みしめたい。

（K）

編集部のお買い上げ⑨

［チェッコリ］CHEKCCORIを歩けば

韓国書籍のはじめての一冊は、CHEKCCORIで購入した『누가 봐도 연애소설（明らかに恋愛小説）』。鮮やかなピンクとブルーが目を引く本で、以前に訪れた時から気になっていた。ゆるいタッチで描かれたイラストに、小難しくなさそうなタイトルもよく、なんだか猛烈に惹かれてしまった。韓国語歴は半年を超えたくらい。原書なんてまだ早いのではという不安に「読んでみたい」が勝り、以来通勤電車でこの本を読むことが日課になった。ユーモア溢れるストーリーの虜になるのに時間はかからず、三十篇もの短編を数か月かけて読み終えた。読みたい本が読めた（しかも韓国語で！）という経験には、何ものにも代え難い喜びがあった。

最近読了したのは同じくCHEKCCORIで見つけた『이렇게 될 줄 몰랐습니다（結婚するとは思いませんでした。）』。イラストやマンガが盛りだくさんで、目にも楽しい一冊だった。こんな思いがけない出会いが、書店に足を運ぶ醍醐味である。

犬は歩けば棒に当たるけれど、CHEKCCORIを歩けば光る韓国語書籍に出会えるのだ。（N）

外国語を届ける書店

二〇二四年一〇月三〇日 第一刷発行
二〇二五年 二月一五日 第二刷発行

編 者 © 白水社編集部
発行者 岩 堀 雅 己
印刷所 株式会社 理 想 社
発行所 株式会社 白 水 社

東京都千代田区神田小川町三の二四
電話 営業部〇三（三二九一）七八一一
編集部〇三（三二九一）七八二一
振替 〇〇一九〇-五-三三二二八
郵便番号 一〇一-〇〇五二
www.hakusuisha.co.jp
乱丁・落丁本は、送料小社負担にてお取り替えいたします。

加瀬製本

ISBN978 4 560 09138 8
Printed in Japan